女の教養

新装新版

谷口雅春
Masaharu Taniguchi

光明思想社

はしがき

教養があるということは、単に知識をゆたかに備えているということではないのである。あらゆる知識がその人の全人格にとけ込んで、バランスを得た調和あるすがたにおいて備わっているということである。教養ある者は人生を偏《かたよ》って見ないのである。そのような人は、平等の愛と知とをもってすべての人と事と物とに対するのである。教養ある人は、自分が如何《いか》なる時点に立つかを知るとともに、自分に接する人々がまた、如何なる時と場とにおいて生きつつあるかを洞察《どうさつ》して、それらの人々の生活に深い同情を示して偏った判断を下さないのである。

真の教養は調和の源泉であり、平和の礎《いしずえ》であり、幸福生活の基礎である。

私は『生命《せいめい》の實相《じっそう》』全集の中の〝女性教育篇〟を、全集全部を揃《そろ》えられない人々のために『女の教養』と題して単行本にして出したのであった。すると、読者から非常な歓迎を受けて、たびたび版を重ねたが、常に間もなく品切れとなるのであった。旧版は正漢字と歴史的カナ遣《づか》いをつづけてきたが、今度一般に普及させたいために、当用漢字と新カナをもって戦後教育を受けた人たちにも読みやすいようにしたと同時に、最初の執筆の当時と社会事情も異なってきているので、現代の社会事情に当てはまるように全面的に改訂を加えて新版にしたのである。

女性が家庭において教養をそなえて、本当にその天分《てんぶん》にかなう生活をするならば、その家庭に属するすべての人々は幸福となるのである。しかしその反対の女性が多いために、不幸となる家庭が随分《ずいぶん》多いのである。私は多くの女性たちが本書を読むことにより、真に天分にかなった生活を送っていただいて、日本中の家庭を幸福にする基礎を築いていただきたいと願わずにはいられないのである。

昭和四十一年十月十五日

著　者　識

新装新版　女の教養　目次

はしがき

第一章　女性の観点を一新せよ

第二章　「女だから」という言葉

第三章　妻を「養う」という言葉

第四章　家庭幸福への道

第五章　結婚前の娘および母への注意

第六章　ダリアの花に題して

第七章　本来一つのもの

第八章　美しき生き方

第九章　レヴューの精神分析

第十章　家族全体を健康にする方法

新装新版 女の教養

第一章　女性の観点を一新せよ

一、男性に頼りすぎるな

多くの女性の方は、生活を男性に頼り過ぎていられます。男性に頼るな、と申しましたら、女尊男卑《じょそんだんぴ》になれとか、女性が生活を独立させて男性に楯《たて》つく如《ごと》くお考えになるならば、それはまちがいです。女性が経済生活にいつでも独立し得《う》るということは、女性が男性に戦《たたかい》を挑《いど》めよということではないのです。それは、女性よ、今より多く男性と愛それ自身において(経済的理由でなしに)、伴侶《はんりょ》となれということです。女性に経済的能力が独立したら、女性が直《ただ》ちに男性に反逆するように考えるのは、女性が現在男性に愛情を示していることを、女性に経済的能力がないが故《ゆえ》に、止《や》むを得《え》ず男性に愛情を示していると解釈していることになります。皆さんはその解釈では満足せられないでしょう。

二、妻とは経済のために愛情を売る生活ではない

女性が自分みずからに経済的能力がないために、男性に愛情を示していると考えるならば、女性は経済のために男性に愛情を売っているのだと承認することになるのです。これでは妻というものは経済のために愛情を売る生活――売笑婦《ばいしょうふ》の生活になってしまうのです。今でも経済生活のために、女性一人では生活が心配であるから、何処《どこ》か男の家に片づきたいと考えている女性がたくさんあるようです。しかし、これでは女性が女性みずからを侮辱《ぶじょく》し、女性みずからを縛《しば》っていることになるのです。「片づく」などというような言葉で、結婚することを呼ぶのも経済生活上、娘を品物のように片づけようと一般世間が思っている心の反映です。

男性にとっての第一の幸福は、自分が女性の心を純粋に摑《つか》んでいるという自覚です。妻である女性が、経済的な功利的観念から、生活手段として自分に愛情を示しているか

も知れぬ、という疑いのある程、男性にとって不安な不愉快《ふゆかい》な家庭生活はないのであります。家庭生活の長い期間には、時たま、夫婦喧嘩をした時などには「もし私の経済生活が独立しているならば、こんな良人《おっと》には世話にならないで、家を飛び出してしまうのに」とお考えになる奥様もおありでしょう。飛び出したくなっているのに、経済生活が独立していないために、止《や》むを得ずに良人に隷属《れいぞく》しているような奥様をもっている良人ほど不幸な者はありません。

三、女性自身を軽蔑するな

愛情の故《ゆえ》にでなしに、経済の故に婦人のところへ婿《むこ》養子に行く男性があるならば、男性仲間ではそんな男性を唾棄《だき》します。しかし、愛情の故にでなしに、経済の故に片づいて行く女性は世間にあまりにも数多くあっても、女性の仲間ではそんなに唾棄しないばかりか、当り前のように思っているのではありませんか。それだけに女性は女性自身を軽蔑《けいべつ》し、女性自身を縛《しば》っているのです。女性はよき婿《むこ》がね（婿の候補者）を探すにも男性の経済的能力を主《しゅ》にして「あの人は好きな人だけれども、甲《か》斐性《いしょう》がないから」と言って、配偶の選択に、経済的能力の有無《うむ》を第一の標準にしているのは事実ではありませんか。むろん、経済的能力は人間における一つの資格です。それは男性を評価する一つの基準になるではありましょう。それを配偶選択の一基準になさるのは合理的です。しかし経済的能力なき女性が経済的能力ある男性を良人に選ぼうとするならば、娼婦《しょうふ》が「金のありそうな旦那《だんな》」を物色《ぶっしょく》するのと変らないことになります。これは女性の自己侮辱《ぶじょく》となり、自己自身の本来の尊貴《とうと》さを縛っていることになるのであります。不純な動機でなしに経済的能力ある良人を選択する資格ある者は、まず自分が経済的能力ある女性でなければならぬでしょう。

四、愛そのもののための愛の生活

ですから、女性は、経済的理由でなしに、ただ純粋な愛情の故《ゆえ》に、男性を選択し、その男性と生涯の伴侶《はんりょ》となろうとするには、女性自身がまずいざという時、たちまち独《ひと》り立《だ》ちできるほどに経済的にも能力を持っていなければならないのです。女性が経済的能力を握っている必要は、決して男に楯突《たてつ》くためでもなく、また、必ずしも、結婚後、家庭を出て社会で働けという訳でもなく、自分の良人《おっと》に対する愛が、純粋に「愛そのもののための愛」であって、生活保証を得《う》るための手段的な不純分子を混入していないということを自分自身にハッキリさせるために必要なのです。

夫婦関係が、女性側に生活保証を得《う》るための経済的理由を混入している場合は、最初は如何《いか》に「純粋な愛」によって結ばれた夫婦関係でありましても、そこに経済的従属関係ができ上り、男性は経済的に主人公となり、女性はそれへの寄生的生活者となって女性そのものが完全な一個の独立人格たる自覚を失ってしまうことになるのであります。この「自覚の堕落《だらく》」こそ、女性が意識せずして、自己自身の能率を縛《しば》っていることなのであります。

何故《なぜ》、女性が、産業的の知識を持ってはいけないのでしょうか。何故女性が政治的の知識を持ってはいけないのでしょうか。何故女性は男性の経済能力に寄生《きせい》していなければならないのでしょうか。何故女性は「家庭」の中にのみ齷齪《あくせく》としていなければならないのでしょうか。

女性は家庭を守るものである。女性は人生において家庭という一分野を受持《うけも》つべきものであって、それは男性が人生において社会という分野を受持っているのと同じことである。女性が金銭的収入を得《え》ないからとて経済的能力がないといって男性が女性を寄生視するのはまちがっているという説もあります。

その説も理論としては正しいと思います。しかし私は理窟を述べているのではありません。多くの女性が男性の経済力に寄生しているのは事実です。女性は家内《かない》にあって掃《そう》除《じ》し、洗濯し、裁縫《さいほう》し、料理し、育児をする。これも神聖なる仕事であって、この神性なる仕事に給料を貰《もら》わずに奉仕している妻の生活、母の生活は実に尊い生活でありま す。誰もそのことには異論をとなえる人はありません。しかも尚《なお》、多くの女性が良人《おっと》の経済能力をアテにしているのは事実なのです。これは女性の方々の心の中の問題で、御自分で振返《ふりかえ》って御覧になれば判《わか》ると思います。

五、教養ある美を獲得せよ

民主主義では良人《おっと》にせよ、誰にせよ、他をアテにするという心を嫌うのです。生長の家の「智慧《ちえ》の言葉」（新編『生命《せいめい》の實相《じっそう》』第三十四巻に収録）には「みずから立て」ということが書いてあります。「良人の収入で現在生活している」その事自体が悪いと言うのではありません。良人の収入を「アテにする心」そのものが女性の能力を退歩せしめつつある事を指摘《してき》したいのです。女性が男性よりも能力が低いと考えるのはまちがいです。現在おおむね女性が男性にくらべて（特殊の人は別として）能力が低いのは、今まであまりに女性が男性に凭《よ》りかかって生活していた遺伝的産物または習慣的性質なのです。杖《つえ》をついて歩く中風患者は、いつまでも「真直《まっすぐ》に立って歩く力」を得ないのです。

杖を捨《す》てる決心ができたときに初めて「真直《まっすぐ》に立って歩く力」を得るのです。机によりかかる習慣を捨てない限り、その人の前屈《まえかが》みの姿勢は止《や》まないのです。凭《よ》りかかる習慣を捨てたとき、その人の姿勢は真直になるのです。

女性が男性に凭《よ》りかかる心を捨てたとき、女性的な嫋々《じょうじょう》しい（弱々しい）魅力がなくなると、あなたはお考えになるかも知れません。しかし凭《よ》りかかる中風患者や猫背《ねこぜ》は真に美しいでしょうか。それは病的な美であって、本当の女性美ではありません。女性はひとりで街路を闊歩《かっぽ》しても、女性そのものの美を失う訳ではありません。「美」そのものの本質は永遠的の存在ではありませんが、時代の推移に従って顕《あらわ》れとしての女性美も進歩するのです。元禄娘《げんろくむすめ》のなよなよとした姿態《したい》の美よりも、近代の男性は、もっと知的な美を愛します。教養が明眸《めいぼう》（澄んだ美しいひとみ）に輝いているような美を愛するのです。内から生気《せいき》が輝いているような女性美を愛するのです。どんなに眼鼻立《めはなだち》はすぐれていても無智な表情の女性は次第に男性を魅《み》する力はなくなりつつあります。

男性の芸者に対する興味が次第に、バーやキャバレーのホステスに対する興味に転向しつつあるのは何を語るでしょうか。キャバレーやバーの女たちも、知的教養のない者は次第に落伍《らくご》し、高等教育を受けた者でないと興味を惹《ひ》かなくなるのではありますまいか。やがてすべての男性は、媚《こび》を売ることしか精神を働かせない低い心の女性には興味を起《おこ》さなくなるにきまっています。「肉体は心の影」と申されている通り、容貌《ようぼう》は心の姿そのものを現しているのです。心の教養がない時、その人の容貌は平浅低卑《へいせんていひ》な雰囲気を与えるものとなるのです。「類は類を呼ぶ」のですから、平浅低卑な雰囲気を漂《ただよ》わしている女性は、社会生活の競争状態に嫌でも応でも拍車をかけられて、次第に教養高くなってゆく男性の心の興味の的《まと》となることができなくなるに違いありません。

六、男性の進歩に遅れるな

男性はおおむね一家の経済的責任を負わされている結果、社会の生存競争裡《り》に立って嫌でも応でも角逐《かくちく》(競争)しなければならない境遇です。したがって常に新しき知識を吸収し、常に新しき工夫《くふう》を考えなければならず、精神が間断《かんだん》なく活動していますので、常に心は進歩しているのです。男性でも富豪の家へ婿《むこ》に入って、あまり安穏《あんのん》に泰平《たいへい》に暮している人には、精神的進歩はありません。ですからもし家庭の妻が一定のところに停止して、結婚後少しも進まないとしたならば、良人《おっと》は進み、奥様は遅れるのですから、良人の心は奥様の心と共鳴《きょうめい》しなくなるのは当然です。女性よ、結婚後も常に進歩せよ！

これが永遠に妻が良人の愛を失わない道なのです。

七、女性にして目覚めなければ浮ぶ瀬がない

家庭生活が奥様にとってお気の毒なことは、掃除、洗濯、炊事、裁縫等々——十年一日の如《ごと》く進歩なき生活をしているということです。この単調な毎日の繰返《くりかえ》しを、不足も言わずに喜んで立働《たち》いていられる女性の犠牲的生活は敬服せねばならぬと思います。

しかしそのために、男性が競争生活の必要上、日に日に自己の精神を進歩させているの

に反して、女性は常に競争なき無風地帯に生活していて、十年前も十年後も同じ料理や同じ裁縫ばかりしており、ひまがあれば新聞小説や週刊誌の娯楽記事を読むばかりで、そのほかに新しい教養を加えないでいては奥様の精神の進歩のしようがないのです。

一方は進歩し、一方は進歩しなくなりますならば、夫婦間の精神的リズムの諧和《かいわ》というものが得られなくなるのは当然です。女性は人生の割の悪い半面(家庭生活の雑事)を受持《うけも》ったために、精神が進歩せず、男性は人生の割の良い半面を受持ったために精神が進歩した結果、家庭の奥様がやがて良人《おっと》から捨てられて、他の女に見代《みか》えられるということになったのでは女性は浮ぶ瀬がありますまい。

八、新しき工夫は生命を生かす

だから、私は申したいのです。女性よ常に進歩せよ、と。男性に雁行《がんこう》して常に進歩せよと。百年一日の如《ごと》く同じ方法を踏襲《とうしゅう》しているようなことでは女性の進歩もなければ、家庭生活の進歩もないのです。人生の雑用は女性ばかりではありません、男性だとて、雇われて会社や官庁の事務所にいるときは、家庭内の雑用にも劣らぬ単調無味な帳簿整理などをしているのです。それだのに男性がより多く(概《がい》して言って)進歩するのは、彼は新しき工夫《くふう》と進歩を考えてその地位を躍進《やくしん》させようと考えているからです。

女性も家庭の雑用をしながらにでも、新しき工夫と進歩とを考えれば、その精神や性格が進歩しないというはずはありません。また時間の上から言っても新しき炊事法、新しき洗濯法、新しき裁縫術、新しき育児法――それらが考案され、工夫され、それが新聞雑誌にも随分発表されているので、それを巧《たく》みに採用するとき、女性の家庭の雑用時間は半減せられるはずであります。そして雑用時間を半減しながら、良人に雁行《がんこう》(渡り鳥のガンのように斜めに並んで進むこと)し得《う》るような知識の修得し得る種類の読書や、技芸《ぎげい》の練習や趣味的教養ができるということは随分《ずいぶん》可能になりつつあるのであります。こうして女性が良人の趣味に調和するような新しい伴侶《はんりょ》となるとき、良人の幸福は如何《いか》ばかりでありましょうぞ。

男性は同性の友達も好ましいが、さらに異性の友達を好むものです。裁縫と料理のことしか話のできない奥様をもっているのは、良人《おっと》にとって淋《さび》しいことではありませんか。芸術のことを話しても理解がなし、美術のことを話しても理解がなし、政治経済のことを話しても理解がないとすれば、良人は勤め先から帰っても何も家内《かない》に話す話題がないから、だんだん家庭が面白くなくなり、碁を打ちにいったり、麻雀《マージャン》に行ったり、そのほかいろいろの夜ふかしをするようになるのじゃありませんか。

もっとも、知的に進歩することが時として女性の天分である愛の特性、優しさの天分を押し消してしまう弊害があり得《う》るのです。特に近頃、女性の男性化が問題となりつつあり、男性化した女性には男性は牽引《けんいん》せられなくなり、家庭破壊の原因にもなりかねないので、この点は注意しなければなりません。

九、夫婦いんようの道

絶えず、女性よ進歩せよ。知性において進歩すると同時に愛においても進歩せよ。そして絶えず良人のよき伴侶《はんりょ》となれ。「ひとのみち」（扶桑教ひとのみち教会）で、夫婦いんようの道をどんなことがあっても毎日実行するように勧めていたころ、その教えを肉体的に解釈して神経衰弱になっている人もあるときききました。が私は夫婦いんようの道とは肉体的なことではないと思うのです。肉体は本来なく我《わ》が本体は「心」でありますから、夫婦のいんようの道とは夫婦互いの「心」が、まず交歓《こうかん》しなければならないのです。それだのに何を話しても、理解がなくて夫婦互いの心が交わらないとしましたら、肉体がまじわり合っても何の夫婦のまじわりでありましょうぞ。精神的に夫婦が仲よくまじわるには、良人は事務所のデスク仕事、妻は家庭の洗濯仕事というふうに、全然種類の違う仕事を分担しているだけでは、互いの精神は全然別方面に働いて交わることはできないのです。これには夫妻が互いに共通的の事物に精神的の興味を持つことが必要なのです。夫《おっと》が事務所から帰って来たのち、妻は同じ仕事や同じ趣味について話すことができなければならないし、外へ出掛けるにしても、夫婦常に同伴して同じ興味をもったところへ出掛けるようにしたいものです。

十、常に花嫁である心掛け

新婚当時は何処《どこ》へ外出するにも夫婦同伴で外出した夫妻が、しばらくすると、良人《おっと》ばかりが単独で外出するようになるのは変ではありませんか。それは何か一緒に外出しても物足りないところが妻にできてきた証拠ではありませんか。新しいものは何人《なんぴと》の興味をも惹《ひ》くのです。古くなると興味を惹かなくなるものです。常に進歩する妻は常に新しい妻です。妻が良人の興味を惹かなくなるのは、妻が常に進歩していないからです。常に進歩する妻は常に花嫁なのです。良人は常にそういう妻に新しい魅惑を感ずるでしょう。そこにこそ、永遠に若々しく甦《よみがえ》る新家庭があるのです。

良人とともに進歩し、良人とともに新しくなるといっても、必ずしも男性的仕事に進出せよという意味ではありません。すべての女性よ、生温《なまぬる》い勉強を止《や》めよ。書物を読むなら雑駁《ざっぱく》（雑然としてまとまりがない）な雑誌に暇をつぶすことなく、纏《まとま》ったものを読まれよ。ぐんぐん進んで「一つのもの」の中心まで摑《つか》んで行かれよ。たとえば生花《いけばな》を習うなら生花の奥の奥の神髄《しんずい》まで摑んで行かれよ。生花の神髄をつかめば芝居を見ても本当の批評ができるのです。絵を見ても本当の批評ができるのです。そこまで生花でも中心を摑んで置けば、またいつ社会に飛び出しても経済的能力があり得《う》るのです。かかる女性は家庭にいても男性の寄生ではありません。かくてこそ純愛によって結ばれた夫婦となり得《う》るのです。私は「男性」を生活して、そして「女性」の批評ができるのです。何事でも一つに徹底さえすれば、すべてができるのです。芝居を見たことなしに私は脚本を書いたことがありました。すべての女性よ、何事にも奥の奥まで摑む熱意をもって生活せられよ。熱意のある所には「永遠に若返る泉」があるのです。家庭の雑用の時間の節約も自然にできてまいります。新しい工夫も絶えず生れて来るのです。絶えずその女性は新鮮であるために老いないのです。絶えずその女性は新夫人として永遠に良人の光であり、良人の伴侶《はんりょ》である生活ができるのです。ここにおいて妻の道全く(完全に)、ここにおいて人のみち全く、ここにおいて夫婦の道全くなるのです。

第二章　「女だから」という言葉

一、女性を言葉で折伏するな

男性にくらべて女性の発達を妨げたのは、在来《ざいらい》の日本人の話の習慣が、子供のときから、女の子供に対しては「あなたは女だからおとなしくしていなければなりませんよ」「女だからとても男に及ばないですよ」「女だから、そんな大きなことを望んではなりませんよ」というふうに、言葉の力によって「女は弱い者である」という潜在意識を植えつけたのに因《よ》ることがはなはだ多いと思います。

「弱き者よ、汝《なんじ》の名は女なり」などという諺《ことわざ》もあり、仏教では女人成仏《にょにんじょうぶつ》不可能となっており、キリスト教でも蛇《へび》にだまされて男を罪に誘惑したのはイヴという女であったということになっております。法華経《ほけきょう》には竜女《りゅうにょ》の成仏《じょうぶつ》が説《と》かれていますが、それも男に変身してからでないと成仏していません。全世界の人類の潜在意識は、女性は男性よりも劣っているということを肯定していたのです。そんな女性折伏《しゃくぶく》の念力《ねんりき》のもとにいて、尚且《なおか》つ女性は相当に発達して来ました。もし、この女性折伏の言葉の力、思念の力がなかったら、恐らく女性の発達は今日において男性を凌駕《りょうが》（他をしのいでその上に出ること）していたかも知れません。

二、女性劣等感を植えつける言葉を避けよ

子供を育てるに当っては、これを「神の子」として育てるべきものであって「女の子」「男の子」として育てるべきものではありません。「あなたは女の子だから……」と申しますと、その言葉の中にはすでに暗黙《あんもく》のうちに「能力低劣者《ていれつしゃ》」だとか、「弱者《じゃくしゃ》」だとかという女性折伏《しゃくぶく》の意味が含まれたものとなります。言う人がそういうつもりでなかったにしても、長年月《ちょうねんげつ》にわたって、人類は女性という言葉によって「低劣者」だとか「弱

者」だとかを意味しきったのですから、そういう意味が人類の潜在意識内容に蓄積されているために、一言《ひとこと》「あなたは女だから……」とさえ言えば、その次の言葉は言わずとも「弱い」とか「能力が低い」とかを言外《げんがい》に含ませていることになるのです。

ですから、できるだけ人類の潜在意識内容から「女性は弱い」「女性は劣る」などという旧来の観念を打破するように努めると同時に、まだ「女性は劣る」の観念が人類の潜在意識のどこかに潜《ひそ》んでいる限りは、子供に対して「あなたは女の子だから……」と言って劣等感を植えつけるような育てかたから絶対に避けるようにしなければなりません。

三、少女時代に女扱いするな

女性は男性と対立して、一個の配偶としての役割を演ずるようになるまでにおいて、その少女時代に強《し》いて女性扱いする必要はありません。「汝《なんじ》は女性なり」として周囲の精神的干渉または影響が加わることが早ければ早いほど、その子供は「人間」としての成長を万遍なく偏《かたよ》らずに遂《と》げるまでに、女性としての偏った発達をしようという傾向が増大し、その全人的平等教育を妨《さまた》げることになり、その人をして完全な平等な発達をさせなくなります。その上「あなたは女性だ女性だ」と言うことによって強調せられますと、「汝は劣る」の随伴《ずいはん》的観念の影響を受けて、その人の発達を一層遅くしてしまうことになるのであります。

四、生物学上の女性中心説

動物学者の説によりますと、蜜蜂《みつばち》は最も栄養の多い部分に産卵した卵が孵化《ふか》して女王となるといいます。ある医学者は、母体が栄養不足の時は男の子を産《う》み、栄養が充分である時には女の子を産むと申します。またある統計学者は、男性よりも女性の方に高齢者が多いと申します。幼年期においても女性は男性よりも育ち易《やす》く、その死亡率は女児が男児よりも少ないのであります。その気質からいっても幼年期は男の子は気むづかしやが多く、女の子は快活であり、動作も却《かえ》って敏速なのが多いのです。どこから見ても女性はむしろ男性よりも大自然から一層多くをめぐまれているのです。

それだのに、長《ちょう》ずるに従って女性の能力は概《がい》して男性の能力に及ばなくなり、社会的に知名な活動者が女性に少なくなって行くのは「女性は劣る」の社会的通念の念力《ねんりき》が作用しているのと、人々皆言うところの「あなたは女だから……」という言葉に含まれる劣等感によって、自己の能力の発現《はつげん》を自己みずから制限し、無限の能力は神から生みつけられながらも「これは女のすべきことではない」と遠慮がちに後退していられる結果、能力の宝の持ち腐れとなっている場合が大変多いのです。これは誠に遺憾《いかん》なことです。

五、女性が男性に優る実例

女性に神が与えたところの能力を発現する機会を、男性と同等に与えたならば、多くの場合において、女性の働きは男性を凌駕《りょうが》いたします。あるいは凌駕しないまでも同等の地歩《じぼ》を占めることはできます。新聞に出る「毒薬心中《しんじゅう》」の三面記事に、心中しそこなって残って生き恥《はじ》をさらしているのはたいてい男の側です。毒薬心中をしても女はグッと極量まで大胆に毒薬をのみほすのです。男はどうかすると、それ程の勇気が出ないで遠慮がちに毒薬をのんで置くらしいのです。

　女性は平常弱いように見えていても、イザというときにはグッと胆《きも》が据《すわ》るのです。もうその時には女性は「死」などを恐れていません。恐れて逃げるのは多くの場合男なのです。（すべての男ではありません。）安珍《あんちん》（修行僧の安珍と清姫の悲恋物語）は逃げたのです。清姫《きよひめ》は追っかけたのです。久松《ひさまつ》（大問屋の娘・お染と奉公人・久松の心中事件の物語）は覚悟が決まらぬ、お染《そめ》は覚悟がきまっていたのです。女性はイザというときには、死を越えて、ただ目的物だけを見ている。男性はイザという時にも、目的物のほかに何かを左顧右眄《さこうべん》しやすいようです。手術台上で眉根《まゆね》一つ動かさないのは女性に多いのです。手術台上でメスを当てない中《うち》に脳貧血を起すのは男性に多いのです。

六、女性は路頭に迷わぬ

女性は路頭に迷うか――むろん迷う人もあります。女性は就職難でくるしむか――むろん苦しむ人もあります。しかし、たいていの女性は良人《おっと》に死《し》別《に》れても路頭に迷いはいたしません。中には売笑婦《ばいしょうふ》になったりする人もありますが、それは極めて少数の若い人達だけのことです。だから女性が就職難に苦しまず、路頭に迷わないのは女性は色を売ることができるからだとは申せません。

中年以後に良人に死にわかれ、寄る辺《べ》なき小舟のように打ち挫《ひし》がれた一婦人が、しかも今まで良人の手に頼りきっていて、マサカの時に人生に出て何を働いてよいか生活の道を習って来た事のない婦人でありながら、良人の死後、自分に振りかかる責任感に、突然埋蔵《まいぞう》せられていた勇気を振り起し、職を習い職を求め、自分の子供を大学まで卒業させたような婦人の実例は世間にたくさんあります。これを自分ひとりが生活できないと言って呟《つぶや》いている大学卒業の有髯男子《ゆうぜん》（ひげをはやした一人前の男）に比べると、「女というものは実に偉いものだなア」との感を深くするのです。

七、劣っているのは引出さぬから

だから、女性が男性よりも劣っているのは、その資性天分《しせいてんぶん》が劣っているのではなく、劣っているという「言い慣《なら》わし」すなわち言葉の力が禍《わざわ》いしていたのと、生活の責任をより多く男性が持っていて、女性に生活上の責任が置かれていなかったことが原因なのです。だから今後、言葉の力を浄《きよ》めて「女性は優れたり」と言うことにし、女性みずから進んで実際上に生活上の責任を負うことにすれば、女性の内《うち》に埋蔵されたる驚くべき多量の天分はそこから発掘され、滾々《こんこん》として湧き出て来て、人生における男性とのよい角逐者《かくちくしゃ》となるでしょう。責任こそ能力の母なのです。

八、子供は神が育てる

ゆきとどいてていねいな性質、何によらず深切《しんせつ》な思いやり、その愛情こまやかな資性（生まれつきの性質や能力）――それらは成《な》る程《ほど》女性の天分です。それであるからとて、女性の天分は内《うち》に在《あ》り、内で子供の世話をしているだけでよいというのはまちがっています。子供が一人でも生れますと、日本の女性は「子供がいるので、世話がかかって何もできません」と言いがちですが、これは母親となったその人が自分の愚《おろか》さを表白《ひょうはく》しているに過ぎません。その婦人は「子供は神が育てる」ということが判《わか》ったならば、授乳時間以外は母親は決して子供の張り番をしている必要はないのです。神経質に子供の張り番をしている母親の子供ほど弱く育ちます。母親の心配の念力《ねんりき》がその子供にからまって、発育を妨げる呪《まじな》いとなるのです。母親がどんなに心配したとて、手でもって子供の心臓を動かしてやることはできないのです。

これを動かすのは神様です。では授乳時間のほかはすべてを神に打ちまかせて、家の仕事を、自分の仕事を、良人《おっと》の仕事をズンズン片づけるが好いのです。そこから自分の教養のための時間ができてまいります。子供のときから親があまり何事でも手伝ってやる習慣のついた子供は、神経質で意志薄弱、依頼心が強く、わがままで持続性が乏しく、困難に遇《あ》ったら直《す》ぐ崩折《くずお》れてしまうような柔弱《にゅうじゃく》な子供になってしまいます。育児のことについてはまた次の機会に申しましょう。

第三章　妻を「養う」という言葉

一、相連って完全となるのが夫婦

良人《おっと》の半身は妻であり、妻の半身は良人であります。日本では良人または夫人のことをどちらも「ツマ」と申します。「ツマ」の「ツ」は繋《つな》がる、続く、連《つらな》る、継《つ》ぐなどの語源をなしているもので、二つの者が相寄《あいよ》り相連《あいつらな》る事を言うのです。そして「ツマ」の「マ」は誠《まこと》、真《まこと》、円《まるい》、完《まった》しなどの「マ」で円満完全《えんまんかんぜん》であって欠くるところなきことを意味しています。ですから「ツマ」とは良人と夫人とが相《あい》寄り相《あい》結び合って、一つの完全なものになることを意味しているのです。独力ではまだ完全というわけにはゆかないのです。

だから吾々《われわれ》の思想では病気が治《なお》るのでも、個人に直接療術を施《ほどこ》さないで、家人相互の心持《こころもち》を治すように導けば病気が治るのです。むろん独身の人でも一家を持つこともできれば一個の「完全人《かんぜんじん》」としての生活を営むこともできます。しかしそれは自然のままの完全の生活とは言えません。本来二つの揃《そろ》っているべきものの一方が、何かの事情で揃《そろ》わないために、一方で両方の作用《はたらき》をしているのです。それはあたかも、一方の腎臓《じんぞう》摘出後《てきしゅつご》に他方の腎臓が拡張して、一個で両方の作用を営んでいるようなものなのです。夫婦揃わない家庭、父母揃わない家庭には、陰陽の調和が欠けていて何となく霑《うるお》いがありません。

二、働くとは良人ばかりか

このように夫婦は一家を完全に構成するために欠くべからざる要素なのです。夫婦には分担があり、一家においてその受持《うけも》つべき役割は異なっています。外から収入を運んで来るのはおおむね良人であり、それを、料理費に、住宅費に、被服費に、消費するのは夫人の役目であるように考えられています。ある家庭ではその逆が行なわれ、ある家庭では夫婦共稼ぎで外から収入を運んで来るために、それを消費するのは家政婦や女中であったりすることがありますが、これは大多数の家庭ではありませんから、今しばらく考えないことにいたします。

さて、良人《おっと》は働いて収入を持って来《き》、夫人はその収入を消費する——と申しますと、まるで働いているのは良人ばかりで、夫人は全然働いていないかのように考えられますが、これは全く働くという言葉を家庭の外の勤労ばかりに使用するために、言葉の逆効果で錯覚を起しているに過ぎません。

三、家庭婦人も「働く婦人」

家庭の外で勤労することばかりを「働く」と称するのは、言葉の全然誤った使用法でありながら、近代のいわゆる「婦人運動」にたずさわっている人々すら、「働く婦人」

ということを「自己の家庭以外で給料を貰《もら》って働く婦人」の意味に解しているようです。これは「言葉」の正しい使い方を力説し「言葉の力」によって人生を正しく導いて行こうとする新しき時代には避くべきことであります。

家庭にあって家事にいそしんでいる婦人は果して働いていないのでしょうか。女性自身が、家庭の婦人を「働く婦人」と称さないのは、女性自身が全世界の女性の大部分を侮辱《ぶじょく》していることになります。「家庭の婦人」は給料を貰わないで、完全に献《ささ》げた働きをしているから「働く婦人」と称せられないのであって、働かないから「働く婦人」の中へ入れられないのではありません。その証拠に、「家庭の婦人」が時たま病気にでもなり「家庭の婦人」の代りに仕事をする婦人に来て貰いますと、今度来てくれた家政婦や派出婦のことを、「家庭の婦人」と呼ばないで「働く婦人」と申します。

そしてその「働く婦人」は「家庭の婦人」とどこが違いますか。働く点では同じことです。否《いな》、むしろ「家庭の婦人」は、永遠奉仕の考えで働いてくれますのに、いわゆる「働く婦人」は臨時雇《やとい》の考えで働いてくれます。永遠と臨時とでは誠実さが違います。

そしてその誠実さが永遠でない人の方が「働く婦人」であるとの尊称を受け、その上月《うえ》給をその家から貰《もら》うのです。そして「家庭の婦人」は良人《おっと》から「お前たちは働かなくて内《うち》にばかりいて、俺が働いて儲《もう》けた金を使うばかりだ」とお小言《こごと》を受けることがたびたびあるのです。

よく考えて御覧なさい。家庭の婦人も「働く婦人」です。この事をハッキリ私達は心の中に置きましょう。どんな婦人もほとんど全部は「家庭の婦人」になるのです。まず吾等《われら》は女性全体の心のうちから「家庭の婦人」を「働かない婦人」だと観《み》る考えから脱却させるために、運動を起《おこ》そうではありませんか。これは男性の罪《つみ》ではありません。まず女性みずからが「家庭の婦人」を「働かない婦人」だと軽蔑《けいべつ》するから、次に男性から家庭の婦人を指《さ》して「働かない婦人」としての軽蔑は始まるのではないでしょうか。

四、「妻を養っている」という言葉

「家庭の婦人」を働かない婦人だと観る観念は、男性の「おれは妻を養っている！」という言葉を生むのです。「おれは妻を養っている！」――この、良人の不公平な傲語《ごうご》によって、今までどれだけ多くの女性が蹂《ふ》み躙《にじ》られて来たことでしょう。そのくせ、家外《かがい》と家内《かない》との相違こそあれ、妻も良人と同じように働いているのです。まれには有閑《ゆうかん》婦人と称する種類の女性がありますが、そんな変態な一部の婦人のことはここには申さないことにいたします。ことごとくの「家庭の婦人」を有閑婦人と考えるのはまちがっているのです。

大多数の家庭の婦人は、社会に出て働いている男性の会社員や銀行員や公務員よりも長時間猛烈に働いているのです。彼女たちは、まだ良人が眠っている薄暗い時から起き上って家の内外を掃除し、朝の炊事その他いっさいの家庭の支度万端《したくばんたん》をするのです。これをどうして「働かない婦人」だということができましょう。料亭や船舶で炊事をする男は「板場」であるとか「炊事夫《すいじふ》」とか料理長とか言って月給を貰います。「家庭の婦人」はそれらの人より一層朝早くから同じような仕事を励みながらも、良人からは「お前は家にいて働かないで飯《めし》を食っているのだ。わしはお前を養っているのだ」と罵《ののし》られがちです。男性はも少し家庭の婦人の働きの実相について同情がなければならないと思います。この同情がないことが、家庭の空気を冷たいものにし、男性を家庭外の誘惑にかかり易《やす》くならせる原因の一つになっているのです。

家庭でいくら働いても、女性自身でさえも「家庭の婦人」を「働かない婦人」の中《うち》に、ともすれば入れようとするのは何故《なぜ》でしょうか。その理由をここに考えてみたいと思います。それは「家庭の婦人」は朝早く起きて働いても月給を貰《もら》わないからなのです。月給を貰わないと経済活動の中に入れられず、不生産的だと誤解され、時には、働きが全然ないと軽蔑《けいべつ》せられ「わしはお前を養っている」と言われるのです。しかし、静かに考えて御覧なさい。「家庭の婦人」はどんなにか働いていることでしょう！

五、家庭婦人は職業婦人よりも長時間働いている

会社や官庁へ出て働く人には、日曜があり、何も仕事をしないで済まし得《う》る日がありますが、「家庭の婦人」は日曜であろうが、祭日であろうが、朝目が覚《さ》めるとすぐ炊事《すいじ》をし働かなければならないのです。唯《ただ》の一日でも働かないで済む日はないのです。もし「家庭の婦人」が一日でも働いてくれなかったら、その家庭はその日の食事も食べられないのです。

しかも、自分の夫人を「働かない女」とみとめ「お前を養っている」と傲語《ごうご》する良人《おっと》の実際の生活はその夫人よりも長時間働いておられましょうか。むろん人によって千差《せんさ》万別《ばんべつ》ですから、一概《いちがい》には申せませんが、たいていの男の方には勤務時間のほかに休憩時間があるのです。商店や事務所で弁当をお食べになるにしても、またどこかでランチをお食べになるにしても、食事後早速、その食器を洗うというようないわゆる「働くということ」をしないで、近くの舗道を散歩したり、どこかで腰を掛けて友達と煙草《たばこ》を吹かしながら雑談をするというような休憩時間があるのです。

それだのに多くの「家庭の婦人」はそんな休憩の時間などは持っていません。昼食が終って、じっと食膳の前に坐《すわ》り込んででもいようものなら「食後のお尻の長い女」だといって軽蔑《けいべつ》されます。普通の家庭婦人は食事が終るとすぐに台所の流し場へいって食器を洗わねばなりません。それが終ると裁縫が待っています。子供が学校から帰って来ますと、予習または復習をしてやらなければなりません。また夕食の支度《したく》にかからねばなりません。市場を歩いて、できるだけ出費少なく美味《おい》しいものを調《ととの》えようといたしますと、それ相応心使いと時間を要するものです。主婦はこうして一日中クルクル舞いして働いているのです。そうして良人《おっと》が外から帰ってくると、勤先《つとめさき》の事務所で何か面白くないことが起った日などには「わしばかり辛《つら》い目をして働いて、お前は内《うち》で遊んでいる！」といって叱《しか》られるのです。

六、婦人自身「働く」という言葉の意義を認識せよ

吾々《われわれ》は「働き」というものを、も少し完全に認識したいと思います。米国にこういう

話があります。それは作り話か本当の話かは存じませんが、ある処《ところ》に内縁の妻をもった中産の商人がありました。その商人は遺言《ゆいごん》を残さないで遺産を残して死んでしまったのです。親類の人達の間に遺産争いが起りました。そして、その妻との結婚は内縁であって、法律上は認められていないというのを理由に、その遺産を妻から奪おうと企《たくら》んでそれを法廷に持出《もちだ》しました。裁判長は「この婦人は法律上彼の妻に非《あら》ずと認む」と、判決を下しました。野心ある親戚は心の中で快哉《かいさい》を叫びました。裁判長は語《ご》を続けました。「妻にあらずして二十年間、彼のために家政の業《わざ》に従事したるを以《もっ》て家政婦と認め、一ヵ月二十ドル、二十年間四千八百ドル、利子を加算して一万ドルのサラリーを支払うべし」と判決を下しました。

妻でなければ、二十年間一万ドルを支払わねばならぬほどの仕事をさせながら、給料を要求せざるが故《ゆえ》に「お前はわしが養っているのだ」と傲語《ごうご》するのは、男性が女性の働きを認識しないだけではなく、女性自身が女性の働きを認識しないからなのです。あるいは男性の働は社会に出ての冒険的な働きであって、女性の家庭内の働きはそういうように冒険的な要素を含んでいないから、危険率の多い仕事を働く男性の方が、危険率の少い仕事を働く女性よりも重んぜらるべきだという人があるかも知れません。しかし女性の冒険的仕事はその結婚そのものに始まるのであって、それは男性の事業的冒険の比ではありません。

女性がその生涯を一個の家庭の仕事をしようとしてその家庭に飛び込むのは「生涯」を賭《か》けての冒険でありまして、男性が、一会社や一事業に跳び込む如《ごと》き、いつでもそこから止《や》められるような浅い冒険ではないのであります。男性は自分の首を突込《つっこ》んだ会社や事業が不結果でも、それは好《よ》い経験を積んだとして、一層将来のために箔《はく》がつきながら、また新しく別の会社や事業に取りかかれます。しかし女性は、一つの家庭が失敗したからとて、好い経験を積んだ人として、光を増して新しい結婚生活に入ることはできません。「二度目」だとか「出戻り」だとかいろいろ不快な名称で呼ばれながら、軽蔑《けいべつ》多き不幸な生涯を送らねばならないのです。女性が家庭の仕事をするために家庭に入るのは、男性が会社の仕事をするために会社に入るよりも幾層倍か冒険的性質多き事業です。もし事業の冒険的性質に応じてその報酬が定められるとするならば「家庭の婦人」は「会社の良人《おっと》」などよりも高給を支払われなければならないでしょう。ですから、家庭の婦人は「家庭の仕事」の価値をもっともっと男性に認識せしめるように運動しても好いと思います。といっても、私は男性に対して反抗せよと言うのではありません。家庭は二つの相異《あいことな》る要素で維持されているものであります。その二つの要素とは、良人と妻と、陽と陰とでありますから、そのどちらをも平等に価値を認めて互に尊重し合うことにしたいと私は提議するのであります。男性の働きの尊さをここでは喋々《ちょうちょう》述べなかったのは、すでに大いに主張され、すでに大いに認められているからです。かくして働きは異なりながらも、陰陽平等に尊重されるとき、その家庭は本当に幸福になるのです。それについては、良人が妻に対して動《やや》もすれば「わしはお前を養ってやっている」という言葉を廃止したいことです。

第四章　家庭幸福への道

一、女性光明化の運動

　わたしは女性でありませんが、すべての女性を幸福にするために、白鳩会（生長の家の婦人会）のリーダーとなって起《た》ち上ったのです。何故《なぜ》なら女性も人類の生命に属するものであり、人類の半分は女性であるから人類の幸福を希《ねが》うためには、女性の幸福も希《ねが》わずにはいられないからです。国家の中にも「家庭」の中にも男性も女性もいるのです。男性ばかりが幸福でも、幸福な「家」は成立《なりた》たないし、女性ばかりが幸福でも、幸福な「家」は成立《なりた》たないのです。不幸な女性を奥様にもった良人《おっと》ほど気の毒な良人はありません。男性が本当に幸福であるためには、女性が本当に幸福でなければなりません。男性が「家」をそとにして酒場あたりにさまようのは、「良人ばかり好《よ》い目をして、女性を蹂《ふ》み躙《にじ》っている」とお考えになるのは勘違いです。酒場へでも逃れて行かなければならない良人の寂しい物足りない心情が何処《どこ》から起ってくるかをお考えなさい。

それは、家庭に喜びがないからです。その人の妻である女性が本当に幸福でないからです。幸福な心の人の側《そば》にいれば、その人は何となく幸福な感じがするのです。それは精神波動の感応《かんのう》です。妻の側《そば》におっても何となく幸福な感じがしないのは、妻が本当に幸福ではないからです。妻たる女性が心にかなでる音楽が幸福なメロディーを韻《ひび》かせることがぜひ必要です。幸福な「声の音楽」ですらも魅せられるのが男性です。だから、自分の選んだ奥様自身の「幸福な心の音楽」に吸い寄せられない良人とてはありません。それだのに良人が家庭に不満足なのは、妻の「心の音楽」が幸福の韻《ひびき》を立てないからです、光明の韻《ひびき》を立てないからです。あなた自身が幸福の放送局そのものにならないからです。

二、良人を妻に引きつけて置く秘訣

皆さんは男性ではありませんから、男性の心持《こころもち》がお判《わか》りにならないかも知れません。だから男性はどうしたら幸福になるのかお知りにならないかも知れません。では、よくお聞きなさい。男性は女性が幸福になってくれたら幸福になれるのです。男性というものは女性の幸福の表情が見たいのです。多くの男性は女性が幸福の表情をしたら自分の生命でも投げ出すのです。家庭に良人《おっと》を引きつけて置こうとするには、奥様自身が幸福になり、奥様自身が幸福の表情をしなければなりません。

男性にとって、女性の顔貌《みめかたち》の美は必ずしも男性を引きつけるものではありません。凄《すご》いほど美しい容貌《ようぼう》の奥様が家にいるのに、一層劣った容貌の女性と外で逢引《あいびき》している良人《おっと》は世の中にザラにあります。その訳が何故《なぜ》だか皆さんはお判りになりますか。それはね、いくら美しい容貌をしていても、その女性が喜んでくれなかったら、また喜んでいても、それが表情に表われずに澄ました顔をしていたら、女性が喜ぶのを見るのが自己の幸福感である男性は、喜ぶ女性を求めて「家」を捨てて酒場にさまよったりするのです。

　酒場の女を売笑婦《ばいしょうふ》だというのはじつに穿《うが》った言葉です。皆さん、男性は肉欲を買いに行くのではありません。そう思うのは女性が男性を知らないからです。肉欲なら奥様のある良人なら家庭にいて好ましいときに何時《いつ》でも充たすことができるのです。これをことさら外部へ出て得ようとするはずはありません。では、何のために、男性は妓楼《ぎろう》（遊女を置いて客を遊ばせる店）や酒場へ行くのでしょうか。それは「笑い」を買いに行くのです。そして彼女等《ら》は「笑い」を売るのです。だから「売笑婦」というのです。「あんな美しい奥様があるのに、あんな醜《みにく》い売笑婦に戯《たわむ》れている」――この批評を受けなければならないような良人ほど気の毒な方はありません。

三、まず鏡に向って自分の顔を見よ

まず鏡に向ってあなたのお顔を映《うつ》して御覧なさい。白粉《おしろい》の塗り方の稽古をせよというのではありません。どんな表情をしているか、表情に険《けん》（けわしいこと）がないか、にこやかであるか、渋面《じゅうめん》を造ってはいないか、ベソをかいていないか――それを検討しなければなりません。そして表情の険《けん》を平和に変え、渋面を莞爾《にこやか》に変え、苦悩の表情を歓《よろこ》びのそれに変えねばなりません。「すみませんが、私の表情は生れつきですわ」などと言って、ツンと澄ましているようなことでは、家庭の幸福は望めません。

あなたの顔の骨格はあなたの生れつきかも知れませんが、（顔の骨格でも、信仰によって変化した例もありますが）表情はあなたの自由にできるのです。芝居の役者を御覧なさい。ヒステリーの配役に当ったらヒステリーの表情をしますし、幸福者の配役が当ったら幸福な表情をするではありませんか。自由にできない固定した表情というものがありますならば、それは心の習慣です。肉体は心の反映なのですから、心を幸福にして表情を幸福にする習慣をつければ誰にでもできることです。鏡に向って顔の表情のいくらかでも固苦しいということを発見された方は、一日一回は必ず、今日から鏡に向って幸福な笑いの表情のお稽古をなさいませ。

四、つまらない小事を軽蔑するな

つまらない事をお教えするとお考えになるかも知れません。しかし案外つまらないと思っていることから大事《だいじ》が起ってくるのです。蟻《あり》の孔《あな》から堤《つつみ》が崩《くず》れ、奥様が表情の操縦法を知らぬために家庭が破壊《はかい》するのです。欧洲大戦は一発のピストルの引金の引き方によって勃発《ぼっぱつ》したのです。これは笑いごとではないのです。すべてささいなことが大切なのです。女性にとっては女性自身の笑顔などは(自分には見えないから)なんでもないかも知れませんが、男性にとってはこちらからは見えるのですから関心の的《まと》なのです。女性が幸福そうに微笑《ほほえみ》をたたえていてくれたら、男性は幸福なのです。幸福であっても取り澄まして、幸福らしくない表情を見せるなら「ああ妻は幸福でない！」と思うのです。良人《おっと》はその時本当に淋《さび》しくなります。一回、二回、三回……はさらに奥様の機嫌を買おうとしてお愛想をするかもしれません。しかし、どんなに機嫌を買ってもその奥様が幸福な表情になってくれない時には「ああ、ついに自分はこの女性を幸福にする資格はないのだ」と良人は失望落胆、その懊悩《おうのう》（心の奥で悩みもだえること）をまぎらすために酒でもあおるべく外に飛び出すのです。すると、外の酒場には、街の女が待っている。そして、彼の顔を見ると、如何《いか》にも嬉《うれ》し気《げ》ににこやかな微笑《ほほえみ》で迎えてくれる……。

五、誰が良人の愛を戦いとるか

こうなると、もう勝敗の数《すう》は定《きま》っているのです。「彼女は私の来たことを喜んでくれた」とその男は思うのです。自分の妻は自分の存在を喜んでくれなかったけれども、この女性は自分の存在を喜んでくれた、自分はこの女性を幸福にし得たのだと思えば、その男性は有頂天《うちょうてん》の幸福感を味わうのです。何故《なぜ》なら男性の幸福感は女性を幸福にし得たという実感から反射的に湧いて来るのですから。男性は女性を幸福にしてあげたいのが本能なのです。この本能は実に実に力強いものなのです。この本能を満足せしめないときには、男性は自暴自棄《じぼうじき》になりヤケクソになり、狂乱的になり、他《た》に、自分の幸福になし得《う》る女性を求めて家庭の外に走り出るのです。

家庭の外にはどんな女性が待っていますか。媚《こび》を売る女が待っているのです。笑いを売る女が待っているのです。家庭の中で、奥様のどんな幸福な顔をも見得《みえ》なかった男性は、そこにひと目自分を見るや否《いな》や喜んでくれる女性の顔を見出《みいだ》すのです。自分の顔を見ることによって幸福になったであろうところの女性の笑顔を見出すのです。その女性は彼を見たので本当に幸福になって喜んだのではないかも知れない。ただ誘惑するために、媚《こび》を売るために、男性を見た瞬間、幸福そうな微笑《ほほえみ》を表情にあらわす習慣を持っているのかも知れない。しかし、女性の幸福そうな表情に餓《う》えている男性は、もうそれだけで満足するのです。彼は商売人の女にかくして虜《とりこ》にされてしまうのです。

あなたの対抗者は、あなたの良人《おっと》の顔を見た一瞬に、たちまち幸福になったかの如《ごと》く輝いた幸福の微笑《ほほえみ》を投げかけてくれる女性です。

しかし、すべての奥様よ、その外部の女性に対抗するだけの幸福の表情の準備ができておりますか。奥様というものは良人の顔を見慣れているから、空気は常にあっても、慣れているから、ありがたく感じないと同じように、目が覚《さ》めたときに、顔を見合わしたときに、良人の送り迎えに、別に何の嬉《うれ》しそうな表情も、幸福そうな表情もなさらないのではありませんか。それでは貴女《あなた》の良人は「女性を幸福にしたい本能」を満たし得《う》た自覚が起ってまいりません。この本能が「自分の幸福にし得る女性」を求めて良人を外部に走らすのに何の不思議がありましょう。ジャンヌ・ダルク一人を喜ばすことができると思ったら、皆《みん》な生命《いのち》を投げ出して戦ったのが男性です。

六、良人を幸福にする秘訣

「私はあなたによって幸福になっているのです。あなたがいてくれるので嬉《うれ》しいのです」良人の顔を見るときに、良人の送り迎えに絶えずこれを囁《ささや》きかけている幸福な表情をするように自分自身の表情姿態《したい》を訓練なさい。これがあなたの良人を幸福にする秘訣です。もし何かの機会で、良人が誘惑に逢《あ》ったとしても、彼はその時、自分によって幸福にされている妻の表情を思い出し、この妻を不幸にしてはならないと、たちまちその誘惑から脱出することができるのです。

良人の顔を見ても少しも幸福感を表現しない無表情な女性——それどころか、家をよくしたいとか、良人をよくしたいとか、動機は大変結構なことでありましょうが、事ごとに良人の欠点を見つけて軽蔑《けいべつ》し批判する女性、良人の顔を見るたびごとに心配そうな表情をしたり、不平満々で膨《ふく》れっ面《つら》をする女性、その上無理な注文をする、喚《わめ》きたてる――そんな奥様はこの読者の中にはいられないとは思いますが、もしいられましたら反省して下さい。あなたはそれで幸福ですか。良人《おっと》の御機嫌はよろしゅうございますか。良人はそんなにも奥様を幸福にしたがっているのに、奥様はそれに酬《むく》いていられますか。

外には、彼をひと目見るだけでも幸福になってくれるらしい表情をしてくれる女性がいるのです。それだのに内には彼を百たび千たび見ながら、否《いな》、見るだけではない、いろいろ彼女を幸福にしたいと苦心しているに拘《かかわ》らず、やっぱり幸福な表情をしてくれない女性しかいないとしたら……もう勝敗は定《きま》っています。

七、傾城《けいせい》、傾国《けいこく》、奥様の笑顔一つ

皆さん、家庭を幸福にする秘訣は、良人の顔を見るときの奥様の笑顔一つにあるのですよ。年頃の息子、娘が、親に背《そむ》いて行くか行かないかも親の表情一つにあるのです。

自分がここにいることを喜んでくれないで、顔を見るごとに絶えず口小言《くちこごと》をいっているようなことでは、良人でも息子でも娘でも「私がここにいることは、妻を、母を、兄弟を、幸福にすることではない」と思ってその「家」に背《そむ》いていってしまうのです。私の詩に次のような一節がある――

君は絶えず暗黒を撒《ま》いて歩く
不快な人間を見たことはないか、
君は眉《まゆ》をひそめた
悲しい表情の人々に接したことはないか、
君は表情が、
どんなに伝染力の強いものかを
経験したことはないか。

悲しい表情をした人間は
悲しみを撒《ま》いて歩く、
不快な表情をした人間は
不快を撒いて歩く、
それは黴菌《ばいきん》を撒いて歩くよりも
尚《なお》大きな罪悪である。

また君は絶えず光明《こうみょう》を撒いて歩く
愉快《ゆかい》な人間を見たことはないか。
君は絶えずその唇に
幸福な微笑《びしょう》をただよわし、
逢《あ》う人毎《ひとごと》に
幸福をうつして歩く人間を見たことはないか。

君は表情が
どんなに伝染力の強いものかを
経験したことはないか。

君は与えるものがないことを
嘆いてはならない。
君は与えるものがなくとも
幸福な表情は与えることができるのだ。
子供の顔を見るとき
良人《おっと》の顔を見るとき
妻の顔を見るとき
兄弟の顔を見るとき
姉妹の顔を見るとき

八百屋《やおや》に挨拶するとき
風呂場で知った人に遇《あ》うとき
君が幸福な表情さえすれば
君は幸福を与えて歩く。

幸福な表情をした人間は
幸福を撒《ま》いて歩く、
愉快《ゆかい》な表情をした人間は
愉快を撒いて歩く
それは物を与えるよりも
一層好《よ》い贈物《おくりもの》であるのだ！

第五章　結婚前の娘および母への注意

一、良人の選び方

未婚の娘にとっては、如何《いか》なる良人《おっと》を選ぶかということは最も大切なことでありま
す。それは生涯を賭《か》けた冒険であります。結婚後の婦人の運命は、その大半を自分が選
んだ良人の生活によってその幸不幸が定《き》まるといわねばなりません。

しかし自分が相手をどんなに選んだからとて、その相手が必ずしも自分の良人になっ
てくれるとは定《きま》っていません。また必ずしも自分の選び方が正しいとはきまっていませ
ん。生長の家では「環境は自分の心の影」だと申します。「立ちむかう人の心は鏡なり、
己《おの》が姿を映《うつ》してや見ん」と黒住《くろずみ》教祖は詠《よ》まれました。自分の運命を幸福にするところの
善き良人を自分の身辺に引きつけるためには、自分自身がそれを引きつけ得《う》るところの

磁石となることが必要です。

善き良人《おっと》となるべき相手方を引寄《ひきよ》せ得《う》るためには、悪《あ》しき良人となるべき相手を反撥《はんぱつ》するような雰囲気をもっていなければなりません。ただ雑然と、猫も杓子《しゃくし》も男性でありさえすれば引きつけるような雰囲気をもっていることは危険です。どんな男性をでも数多くさえ引きつければよいのは、男を誘惑するのが稼業である女性のことです。あなたにとって必要なのは、ただあなたの将来を幸福にし得《う》る男性をさえ引きつければよいのです。そういう男性のみに魅力ある女性となればよいのです。さてそんな男性をのみ引きつけるにはどうしたらよいでしょうか。

二、類は類を招ぶ心の法則

人と人との牽引《けんいん》は「類は類を招《よ》ぶ」という心のリズムの共鳴《きょうめい》の法則に従うのです。男性は女性を牽引し、女性は男性を牽引するのであって、却《かえ》って類を異《こと》にする者同士が男女相牽《あいひ》くのだといって抗言《こうげん》する人があります。しかしこれは全く別問題です。男女相牽《あいひ》くのは陰陽和合《いんようわごう》の法則でありまして、心のリズムの共鳴の法則とは別個のことでありま す。ラジオ・セットは陰陽相引《あいひ》く法則により、電気の陰陽の両極を結合することによって組立てられています。しかし、そのラジオ・セットに起っているラジオ波は同じ波長の放送のみを引きつけるのです。それと同じように男女は陰陽和合の法則により異性互いに相牽引《あいけんいん》しますが、異性のうちで最も多く牽《ひ》きつけるのは、心のリズムの合った人です。そうすれば、善き良人となるべき男性を引きつけようと思うならば、自分自身が欲《ほっ》する自分の良人にもって欲しいと同じような心の雰囲気を作るように心掛けなければなりません。

三、娼婦的化粧をすれば浮気男を招び寄せる

世間には男の眼を牽《ひ》こうと思ってケバケバしい化粧をし、交際場内に出入《しゅつにゅう》しさえし

ておれば、男性は自分の美に魅惑《みわく》せられ、恋《こ》い心を起して、結婚を申込むであろうと考えている人があるようです。しかし、これほどまちがった考えはありません。夜会《やかい》で口紅を真赤に塗り、カクテルを飲んだり、ダンスをしたり、巻煙草《まきたばこ》を吹かしたりする女性のところへ、男性たちは恐らく多勢《おおぜい》集ってくるかも知れません。しかし、かくして集って来た男性たちは決して、真面目にその女性と結婚しようと思って集ってくるのではありません。そんな浮気な雰囲気を漂わす女性のところへ引きつけられて来る男性は、やはり浮気な男性ばかりです。彼等は、あなたを一時は愛してくれるでありましょう。しかしそれは浮気な気持で愛してくれるのです。蝶が花から花へと渡って花蜜《かみつ》を追って移り楽しむように、彼等はあなたから彼女へ、彼女からあなたへと、ピアノの鍵盤をさ渡《わた》る指のように転々として恋の花蜜を盗んで、そこに快楽を得ようとする男性が多いのです。

四、机上の草花となるな

私は決して、そういう場所に集まる男性がみんな堕落《だらく》していると申すのではありません。真面目《まじめ》な青年もいる事でしょう。しかし、あなたの雰囲気が、そんなことでは真面目な青年の雰囲気を引きつけるに足りないのです。青年がそういう女性に対する場合にはただ一時を楽しむ机上の草花として愛するのです。嫌いはしませんが永久にこの女性と家庭を作ろうとは思いません。あなたはもっともっと男性の心理を知らねばなりません。男性が永久の伴侶《はんりょ》として女性を考えてみる場合には、彼女が自分の家庭に妻として生活している場合を予想してその状態を心の中に描いてみるのです。そして家庭の中にあなたが口紅を真赤に塗り、若い男たちとカクテルを飲んだり、ダンスをしたりしているであろう姿を描いたとき、あなたはもう家庭の妻として不適当な存在であると結論され、決してあなたは「永遠の妻」としての求愛を受けることはできないのです。たといかくしてあなたが男性からの求愛を受けられたにしても、それはあなたを「永遠の妻」として求められたのではなく、机上の一輪挿《ざ》しのように一時的の愛翫物《あいがんぶつ》（かわいがったり、大切にして楽しむもの）として求められたに過ぎません。何故《なぜ》なら、あなたの装《よそお》いや雰囲気が、家庭にあなたを置き直して見みて適当な落着いた奥様としての感じを出していませんから。浮薄《ふはく》な恋愛結婚がやがて間もなく破局の運命に出会うのもそのためです。

五、真面目な男性は家庭を予想して女性を選ぶ

結局、よき良人《おっと》となるべき男性は、自分の予想する「家庭」という背景に、良妻の候補となるべき女性を置いて考えるものであります。一個の女性——ただそれだけが如何《いか》に美しくとも、それは手折《たお》るべき魅力の感ぜられる花であるにしましても、彼はその花を必ずしも家庭の中に植えつけるべき永遠の伴侶《はんりょ》とは考えないのです。草花は花園や一輪挿《さ》しには好《よ》いにしても、それは正式の前栽《せんざい》（庭の植え込み）に植込《うえこ》むべき樹木にはならないのです。庭園の植込になる樹木には「美」は「美」であっても、もっと落着《おちつ》きのある「美」を必要とするのです。それと同じく一生の伴侶として家庭の中に植込まるべき女性には「口紅を塗って夜会《やかい》でカクテルを飲む女」とはもっと異《こと》なる美を必要とするのです。

未婚の真面目な男性たちはどういう婦人を自分の家庭に「生涯の伴侶」として得ようかと考えているのでしょう。それは恐らくきらびやかに飾った富豪の令嬢ではありますまい。「吾《わ》れ富めるが故《ゆえ》に男の心を引きつけ得《う》、吾れ美しき装いをするが故に良き良人を引きつけ得」と考えていられる富豪の令嬢は失望なさるかも知れません。例外は別として一般の青年男性は家庭の中で孔雀《くじゃく》のように振舞《ふるま》いそうな華麗《かれい》な女性を自分の妻とはしたがりません。あなたの家の「富」を目的として結婚を申込むような卑劣《ひれつ》な男性は唾棄《だき》すべきです。男性には誇《ほこり》がなければならないのです。恐らく男性的矜持《きょうじ》を持った真面目な青年がもとめているのは、そんなに富んでいない家の令嬢でありましょう。また、それがある場合、富んでいる家の令嬢であるにしても、そんなに孔雀《くじゃく》の女王のように家の中で振舞《ふるま》わないような、落着いた美しさのあるたのもしい女性でありましょう。この点において、貧しき女性も富める女性も、未婚の真面目な男性の前には平等の位置に置かれているものであることを知らねばなりません。「貧しさ」必ずしも悲観すべからず、「富める者」また楽観すべからずであります。

六、真面目な未婚青年はどんな女性を選ぶか

しかし、富める青年は別として、普通一般の青年男子は、どんな天才でも、社会へ出て間もなくですからそんなに収入はありません。また親の財産を当てにして贅沢《ぜいたく》をするような青年では前途の見込みはありません。ですから、普通の青年の乏しい収入で生活を送り得《う》るような女性こそ、家庭の虔《つつ》ましやかな婦人として求められるのではないでしょうか。

かかる婦人はぜいたくしたいとは申しませんし、またきらびやかな衣裳をも求めますまい。すべての物は手際《てぎわ》よく深切《しんせつ》ていねいに処置せられ、質素で、きれいで純な百合《ゆり》の花のような清浄さに整理されることでしょう。また必要あれば足袋《たび》の爪先にも手際よく補布《つぎ》を当ててもくれましょう。寝床《ねどこ》のシーツにも常に爽《さわや》かな白さを保たせてくれることでしょう。お金のかからない、それでいて愛情のこもった歓待が家庭の中を幸福の天国にしてくれることでしょう。かかる婦人は真の幸福とは富の多寡《たか》（多いか少ないか）によらないで、

誠心《まごころ》と愛情とによることを示してくれるでしょう。恐らく真面目な未婚の青年はこういう婦人を心に描いているのです。あなたが真面目な未婚の青年を引きつけようとお考えになるならば、こういう女性となり得《う》るように心掛けねばなりません。

七、家庭を持つまでの実際的準備

社会生活の出発してまだ間もない収入乏しき良人《おっと》にして、もしその妻がその乏しき収入では幸福な憩《いこ》い場所を家庭に造ることができないようでありましたならば、その良人はどんなにか惘《あわ》れなものでありましょう。慣れない社会生活で労《ろう》し切《き》った心をかかえてその良人が家庭に帰って来たときに、そこにはただ殺風景と良人の収入少なきを白眼視する若夫人の眼とが待っているのであったらば、良人としてどんなにか寂しいことでありましょう。妻が良人の乏しい収入では生活の仕方を知らないようなことでは、それは全くの家庭悲劇です。富める家庭に育った女性ほどこうした悲劇を起《おこ》し易《やす》いのです。この点で費用少なく、目で見て美しく、食べて美味《おい》しく、栄養価値ある料理ができる女性が新婦であったならどんなにか楽しいことでしょう。

また野に咲く草花をそのまま採《と》って来て、あり合せの鉢でも皿でも自由に利用して、部屋をつつましやかに装飾できる投入《なげいれ》・盛花《もりはな》などを知っていてくれたならどんなにか助けになるでしょう。普通の和裁洋裁洗濯法の心得があることは言うに及ばず、その切れ端《はし》などを利用して作ったフランス人形などで良人の部屋を飾ってくれたりしたならば、どんなにか良人は家庭に帰って蘇生《そせい》の思いをするでしょう。この点では現在の女学校教育では足りないようです。どんな富める家庭にお育ちになった令嬢でも、また貧しき家庭の令嬢でも、富なくして自分の努力と研究とで家庭を幸福にする方法を講じなければなりません。家庭の幸福は自分自身が自分の主人公となって築き上げるのがデモクラシーの精神です。

八、歓心を買う男の言葉に乗るな

青年男性は女性の歓心を買うために、そして一時の美しい花を眺《なが》めるために、ケバケバしく美しい化粧をした婦人に深切《しんせつ》めかしくすることがあるかも知れません。が、そんな男性から歓心を買われても本当にしてはなりません。「実相《じっそう》を観《み》よ」とは何でも彼《か》でも信ぜよということではありません。嘘《うそ》は嘘とその実相を知り、本物は本物とその実相を鑑《み》別《わ》けることです。男性が女性の歓心を買う場合には、往々自分の経済状態について嘘を言うことがありがちです。あなたは「もし結婚したならば、あなたにはこんな物を買ってあげましょう。こんな住宅に住まわせてあげましょう。これこれの贅沢《ぜいたく》をさせてあげましょう」と、自分の経済力が如何《いか》に豊かであるかをこれ聴けよがしに言う青年紳士にあなたはお会いになるかも知れません。こんな場合に迂闊《うかつ》に乗るのは、富める家で育った女性よりも、貧しき家庭で育った女性にありがちです。

現在の貧しさと、この青年紳士と家庭をもった後《のち》に恐らく生活し得《う》るであろうところの豪華な生活との対照が、ともすれば華美《かび》を求める貧しき女性を誘惑しがちでありましょう。毎日毎日逢《あ》うたびごとにその青年紳士から聴かされる将来の華美《かび》な生活――その言葉の暗示力がついに積《つも》り積ってあなたを誘惑して、ついにあなたはその青年紳士のものになる。――しかし、その青年紳士のものになってから真実を知ったときには、まだ職業もない、あるいは極々《ごくごく》薄給のルンペンにも等しい青年に過ぎなかったということはありがちのことであります。

恋を恋する青年は、たいていそんな嘘《うそ》は罪悪とは思っていないものです。彼等の多くは戦争には戦術が必要であり、恋愛には技巧が必要であると信じていがちです。彼等は人生に小説でも書くつもりででたらめな空想を乙女《おとめ》の胸の上に描くのです。ですから、そうした結婚をした後の華美な生活を条件にして結婚にまで誘惑する男性のやさしい言葉を本当だと思ってはなりません。

九、「実相を観る」とは本物と偽物とを知ること

実相を観《み》るということは、虚構《うそ》を真実だと思い込むことではありません。虚構《うそ》を虚構《うそ》だとその実相を知り、真実《ほんとう》を真実《ほんとう》だとその実相《ありのまま》を知ることです。キリストも蛇《へび》の如《ごと》く叡《さと》く、鳩の如く柔和であれと仰《おお》せられました。相手が神の子の実相を出しているか仮相《かそう》の狼《おおかみ》を出しているか見わけることが肝腎《かんじん》です。何でも彼《か》でも相手を信じさえすれば好《よ》いのだと思っていてはなりません。

本来人間は善人でありますが、五官の快楽に捉《とら》われたとき仮相《にせもの》が出るのです。この点で、絢爛《けんらん》なケバケバしい服装や化粧をして、男の眼を引こうという考えは、男性《おとこ》の仮相《にせもの》を誘発《さそいだ》して「狼」を引出《ひきだ》していることになるのです。男性《おとこ》が悪いのではなく、女性《おんな》みずからが五官の楽しみをそそる化粧・服装・姿態《したい》をして、男性《おとこ》の心の表面に、仮《かり》の五官にとらわれた「狼」の相《すがた》を呼出《よびだ》したのです。

本当に恋する人は美しい衣裳や白粉《おしろい》の美しさに恋するものではありません。両性の牽《けん》引《いん》はもっと深いところに根ざしています。そこには種族の大なる選択力がはたらいているのです。種族の大なる選択力で選び出した良人《おっと》であり妻であるなら、飽きてくるということはありません。白粉《おしろい》の化粧美に魅《ひ》きつけられた男性《おとこ》は、彼女が妻となり、母となり、家庭の仕事の忙しさに白粉《おしろい》を忘れたときには、飽きて来ます。何故《なぜ》なら、彼氏は彼女自身に恋したのではなく、彼女の白粉《おしろい》の美に恋したのですから、それがなくなると同時に彼氏の恋も醒《さ》めるのが当然なのです。

十、素地のままで男性に相対せよ

ですから、生涯幸福なる配偶を選ぼうとするには、化粧で隠したりしないで実相を見せることです。素地《きじ》のままで互いに引きつけ得《う》るものこそ本当に、種族の大きい力が引きつけて結ぼうとしている相手なのです。女性が化粧や服装で隠して男性の注目を得《え》ようとするのと、男性が女性の歓心を買うために貧しさを富めるが如《ごと》く装い、粗暴な性質を柔《やさ》しゅうらしく装《よそお》うて、なれなれしい言葉を掛けるのとは五十歩百歩です。それはどちらも商売のかけ引きです。販売人が品物を売り込むためにかけ引きをしているのと選ぶところはないのです。キズのあるところは互いに隠して、よい所だけを上向けて商《あきな》いしている商売人があるとしましたら、あなたはその商売人をいやしむでしょう。物品を売る場合にすら、そんなことはいやしむべきことなのです。それでは良人または妻を選択させるのにキズのあるところをうつ向きにして、表面に粉を塗ってキズをごまかして見せているような相手を、真面目な人が選び取るだろうとお思いになりますか。また、そんなマヤカシ物をまちがえて買うような良人ならば、今後複雑な人生にどんなまちがいをしでかすかも知れませんから、あなたの良人になさるには足りないと言わねばなりません。

十一、調べるべき材料は慎重に調べよ

物品でも少し高価なものなら、それが本物であるか贋物《にせもの》であるかを調べて買うものです。やや値段の張る不動産なら、登記所の台帳まで調べて見、抵当には入っていないか、何かこの不動産についてほかの人が主張する権利を持っていないかを精査してから、自分のものとするのです。不動産は気に入らなければ買いかえることができますし、何か良くない因縁《いんねん》つきのものであったなら、出した金だけ捨《す》てたと思って権利を放棄すれば好《よ》いのです。しかし良人《おっと》は、あなたが一旦《いったん》自分の良人と定めた以上は、なにか良くない因縁つきのものだと判《わか》っても、そう無闇《むやみ》に捨てられたものではありません。たとい捨て得《う》るにしても、その時はあなたはもう処女ではありません。最も尊きものを、信ずべからざる相手のために捧げてしまったのです。それは、取返《とりかえ》しのつかない重大な事件なのです。無闇《むやみ》に仲人《なこうど》の言葉を信じてついウカウカと言葉に乗っては大変です。

十二、謝金の要る結婚媒介を信ずるな

結婚媒介を職業にして、一つの結婚成立ごとに謝礼金を貰《もら》うことを商売にしているような媒酌人《ばいしゃくにん》の言葉を信じてはなりません。私の知っている、当時名古屋に住んでいたある令嬢は、二十二歳で媒酌する人があり近日結婚式を挙《あ》げると言って、私にその母から通知が来ました。その令嬢は結婚後は自由に親戚へも遊びに来られないかも知れぬとて、結婚前の数日を私の宅《たく》へやって来た。私はその時、その結婚の媒酌人が職業仲介者であって、この結婚が成立したら両者から五十円ずつ謝礼を支払う事になっているのだと聞きました。私はむしろあきれました。そういう媒酌人は一種のセールスマンなのです。嘘でも何でも品物が良いように言い触らして、良人または妻の候補者を売込《うりこ》めば、謝金が貰えるのです。私は「これは危険だ」と思いましたが、数日後に迫っている結婚にケチをつけることはできませんでした。

すると、どうです。媒酌人の言ったことは皆嘘《うそ》でした。新郎になるべき人は百円の月給を貰っていると言う振れ込みにもかかわらず、六十円しか貰っていませんでした。父親はないが母親は某社の大株主でその配当金で優に生活して行けるということも嘘でした。新婦には不平が出る。嫁入先のことを掛引《かけひき》してあったくらいですから、令嬢の性質なども掛引してバカに褒《ほ》めてあったのです。話とまるで違う嫁だ、話とまるで違う嫁入先だということになり、一年あまり嫁入先で苦しんだあげく、その新婦は離縁になりました。

これは全く取返《とりかえ》しのつかないことです。女性の生涯の幸福と不幸とがわかれるのは、良人《おっと》の健康と性質の善良とさらに一緒に住む良人の父母家族の性質によることなのです。もっとも、どんな家族の中へでも入り得て周囲を自分の愛の力で光明化し得《う》る婦人もあることでしょう。しかしかかることを一般の二十歳の新婦に期待することはほとんど不可能です。やっぱり女性は、先方が善き良人、善き舅《しゅうと》姑《しゅうとめ》、善き家族であることを充分調べてから、生涯の運命を托《たく》するのが本当です。

十三、結婚は生活だ、ロマンスではない

結婚をあまりに美しい夢のようなロマンスだと考えるのはまちがいです。結婚には多分の散文的なものがあるのです。恋愛結婚が多く破綻《はたん》し、親の見立てた見合結婚が割合に破綻率が少いのも、そんなところに起因するでしょう。恋人と結婚することをロマンチックな詩だと思っている人は、結婚当座の甘い蜜のような感情に酔っている間は、悦《よろこ》びの限りでありましょうけれども、そんな特殊な昂奮《こうふん》はやがて醒《さ》めます。やがて夫婦はもっと現実的な、静かな、散文的な生活の中に悦びを見出《みいだ》して行かなければならないのです。それは日常の散文的な働きの中に、静かに「愛」を行じて行くことです。というのは、家を整え、衣類を整理し、割烹《かっぽう》(料理をすること)を上手に、良人の家族に喜ばれるような、平々凡々《へいへいぼんぼん》たる日常生活の上に「愛」を行じて行くことなのです。

十四、生活実務訓練の必要

ロマンチックな恋愛の陶酔《とうすい》の一期間も過ぎ、散文的な静かな家庭生活が始まろうとする時、良人《おっと》を喜ばすものは英語がうまくしゃべれるということでもなく、ピアノが上手に弾けるということでもなく、妻が良人の収入の範囲内で喜んで家政《かせい》がとれるということと、妻の手製の料理がその良人の嗜好《しこう》に適するということです。せっかく、官庁または会社商店で一日働いて帰って来たのに「収入が少いから、これでは家政がとれない」とつぶやかれたり「経費が掛けられないから、美味《おい》しいものはできないわ」などと言って胃袋を寒からしめるような料理を出されたならば、それは「良人不信任案」であると同時に、良人からも「細君不信任案」が出ることでしょう。普通の家庭で良人の機嫌を悪くするのは料理の下手《へた》さ加減から来ることが最も多いのです。未婚のうちから、母につくか花嫁学校に入学するかして、まだ若き良人の少なき収入の範囲で、如何《いか》に家庭を気持よくし得《う》るか、如何に料理を美味しくつくるかを研究しておくことです。

十五、犠牲または同情のために結婚するな

若き女性は、男から「あなたなしには生きられません」などと甘い言葉をきかされたり「二人は神様からすでに夫婦になるように創造《つく》られているのです」と神秘めかしい話をきかされると、その言葉がたび重なるごとに、言葉の暗示力で本当にそうだろうかと思い始めるものです。「あなたは美しいですね」とたびたび賞《ほ》められることによって多くの女性は心を動かしますが、あまり賞《ほ》め言葉を信用してはなりません。多くの男性の中には「あなたが、私に応じてくれなければ私はもう自殺します」などと言って脅喝《きょうかつ》するような人が往々ありますが、そのような、男の甘言《かんげん》は皆《み》な嘘言《きょげん》です。一人の女が得られないために自殺するような腰抜け男は自殺させる方がその男の身のためです。

同情のために結婚を承諾してはなりません。同情結婚はたいていは最後に「ニセ物」

であるということを暴露するのが普通です。同情は一面から言えば「弱い奴よ」と呼びかけていることです。その一面には必ず軽蔑《けいべつ》が伴います。妻から軽蔑されていることは良人《おっと》の堪え得《う》るところではありません。つねにそこには感情の反撥が伴い、家庭に風波《ふうは》が絶えません。

また犠牲になるつもりで結婚してはなりません。「犠牲になっている」ということは表面は大変美しい言葉のように見えますが、その言葉の反面には「私はあなたのために損を受けている」と言っているのと同じです。「私はあなたに苦しめられている」というのと同じです。ですから「私は犠牲になっている」という感情をもっている限り、遠からずその家庭は破壊するか不仲になります。犠牲結婚はするものではありません。

十六、嫉妬深い男性を選ぶな

あまりに嫉妬心《しっとしん》深い男性を結婚の相手に選んではなりません。嫉妬心深い人は家庭でも神経質であって、信じ難《がた》い性質をもっているために、そういう人が家庭にいては家庭が伸びるものではありません。信じてこそすべては善くなる。常に信じないで疑っていれば疑われた通りに悪くなるのが心の法則です。妻の貞操《ていそう》をあまり良人が疑い過ぎたために、それに同情した男と本当に姦通《かんつう》した婦人もあります。ある嫉妬深い男は、自分が出勤している間中、妻を家《うち》に閉じこめて鍵をかけて置くことが習慣になっていました。もしその門が何かの事情で開いた痕跡《こんせき》でもあるならば、叩《たた》く、抓《つね》る、蹴《け》る大変な騒ぎでした。そうした人は信頼と寛大との美徳を持ち合さないのですから、社会に立っても大きくは成功いたしません。

十七、財産や家柄を目指すな

男に親から譲られた財産が豊かにあるからとて、それを当てに結婚の相手を定《さだ》めてはなりません。良人を選ぶにはどうしても本人の人柄によらねばなりません。親譲りの財産がいくら多くとも現代のように経済変動の多い世界においては、昨日の千万長者が今日のルンペンになることがありがちです。頼みになるのは本人の力量のみです。今は素《す》寒貧《かんぴん》でも力量さえあれば、数年または十数年のうちに巨万の富を作ることもできるのです。本人の才能と、心ばえの善さと、寛大なる心と、明朗なる心質とは、良人《おっと》を選ぶべき標準となるべきものです。明朗と寛大とがなければ、如何《いか》に才能のすぐれた人でも大きく発達しません。煙草《たばこ》や酒を飲まぬ代りに窮屈《きゅうくつ》にいつもしかめ面《つら》をしている人たちには、明朗さがなく、心質が窮屈ですから発達性が乏しいといわねばなりません。むろん、煙草や酒を飲む人をお薦めするのではありません。煙草や酒を飲む人は何か心に楽しからざる反面があるので、それをごまかすためにのんでいるのです。もし結婚して心が本当に幸福になればそういう嗜好《しこう》は自然に剝落《はくらく》するものです。近眼の人はどこか頑固な、眼界の狭い現象に捉《とら》われた性質のある者です。必ずしも家庭生活に障《さしさわ》りとなるほどではありませんが、そのつもりで選択せられればよろしい。結婚後心の眼が開けば、近眼は治《なお》るものですから問題とするに足りません。

しかしながら才能、財産、健康、性質、これらを充分知った上で、ただそれだけで有利であるからそういう相手に婚《こん》するというのではあまりにも打算的です。愛は愛を招《よ》び、打算は打算を招ぶことでしょう。あなたの態度があまりにも打算的であるならば、あなたに選ばれる人もまた打算的な人になるでしょう。結婚は、相手や媒酌人《ばいしゃくにん》の掛引《かけひき》や、脅喝《きょうかつ》や、誘惑で、陥落してはならないと同時に、犠牲でも同情でもない、純粋に相手の神性を拝《おが》み得《う》るような「愛」によって結ばれねばなりません。

第六章　ダリヤの花に題して

一、花の咲く神秘

御覧なさい。ここに真赤なダリヤの花が咲いています。このダリヤの塊茎《かいけい》（根や茎の一部が肥大化したもの）は一見したところでは一個の薯《いも》のような形をしているに過ぎないのでありますが、この薯のような塊茎の中に、牡丹《ぼたん》の花にも劣らぬような、豊艶《ほうえん》な花の姿が宿っているということは、ちょっと考えると予想もできない神秘のように思われるでありましょう。しかしながらあの見苦しい一塊《ひとかたまり》の薯の中にすでにダリヤの花があったというのでなかったならば、あれを植えた場合必ずこんな形の美しい花が出てくるというはずがないのでありります。ある場合にはまた違う花ができ、ある場合には醜《みにく》い花ができたりして、いろいろ種々雑多なものが出ましたならば、そうするとその時に応じていろいろのものが出て来るので、初めからその薯の中にあのダリヤの美しい花があるとは言えないのですけれども、実際の場合にはその同じ種類の薯からは同じような花が咲き、同じような葉がつねに出てくるのでありますから、ダリヤの塊茎の中にはすでに葉があり花があり、それがひろがって現象世界に展開したと見なければならないのであります。ところがこのダリヤの薯にしたところが、それを顕微鏡で覗《のぞ》いて見ましても、ダリヤには白い花のダリヤもあれば赤い花のダリヤもあるのですが、その色の違うダリヤの薯を切って、一つ一つその細胞を顕微鏡にかけて覗いて見ましても、その細胞の成分の相異《そうい》は顕微鏡によって、これは赤い薯である、これは白の薯であるという事は分らないのであります。顕微鏡的組織の中には、そのダリヤの塊茎の物質的細胞に何ら赤いということも白いという事も、こういう葉の恰好《かっこう》という事も、ああいう花の恰好という事も存在しないのでありま す。その物質的組織の奥に何かダリヤの花の形や色が描かれているのであって、それこそが花の理念であって、それが現れる条件を備えた時はじめて形になって出てくるのであります。

二、花の「赤」は種子や茎の何処にあるか

たとえばこのダリヤの花は赤いのでありますが、生きている限り、この蕾《つぼみ》は開いて赤の花をさかせるのであります。もうこのダリヤは茎《くき》を切って花瓶《かびん》に挿《さ》してあるのでありますから、この蕾が伸びて赤い花になるとしますと、赤くなる要素は塊茎《かいけい》の薯《いも》にあるのではなく茎の何処《どこ》かになければならない。ところが茎を切って、それを分析しても、これが赤の要素である、これが白の要素であるという事を検出する事はできないのであります。根を通ってくるにせよ、塊茎を介するにせよ、茎を通ってくるにせよ、その吸い上げる養分が赤い色に変《かわ》る。それはこのダリヤの生命がある限りそうなるのであって、根とか塊茎とか茎とかの器械があるからそうなるというのではないのであります。ただこういうふうなものが自然と出てくるように無形の世界にその原型が備わっているのです。

その無型の世界にある原型、これが普通に言う理念とか「習慣の心」とか「傾向の心」とかいうものであります。普通心理学者の言う「習慣の心」とは記憶心象の事で、生れてからいろいろ経験する事が記憶にずっと蓄積されているけれども、普通の時は思い出せないような隠れている意識の事を潜在意識と言っているのであります。そして現在ものを考えたり、行ったりするために表面に現れて動いている心を現在意識と申しているのです。しかし、我々が赤ん坊として生れてから以後記憶に残った心象の他にまだまだ深いところに、いままでこう動いているところの「傾向の心」または「習慣の心」というものがあるのでありまして、その心の設計作用または建造作用というものがあってこそ、まだ心の発達していない胎児が自己の身体《からだ》を設計し一定の形に造り上げて行くことができるのであります。

そういう意味の、見えない意識を言う場合には、単にこの潜在意識という心理学上の言葉ではどうも不完全であって、傾向的意識とかあるいは習慣の心とかいうと一層分《わか》り易《やす》いのであります。たとえば赤ん坊が生れますと、誰が教えなくとも乳房《ちぶさ》をふくますと自然と吸うようになる、吸うてよいか悪いか分らないけれども、乳房《ちぶさ》でなくとも空気にしたところが現に吸うているのであります。お前空気を吸わないと死ぬぞと教えなくともやはり空気を吸っているのであります。これらは生れて後に経験して得た潜在意識ではないのでありまして、生れる前から一種の傾向の、習慣的心を持っているからであります。病気も「心」から起ると申しましても、それは、経験後の心もありますけれども、生れる以前から、続いたところの意識もあるのであります。

そういう生後経験以前の意識がこういうダリヤの赤い花をこしらえたのであります。こういうダリヤの赤い花は、出て来る前からこういう花の種子だか球根だかがあったのです。しかし、地球は如何《いか》なる植物も生存できないような高熱時代があったのですから、その種子も球根以前から、心の世界にあったところのその形が今ダリヤの赤い花として開いただけであります。活動写真（映画の旧称）は銀幕に映る時その姿があったのではないので、すでにフィルムに巻いている時から映してあるのです。それがある条件が備わった場合に銀幕に映し出されるに過ぎないのです。それと同じようにこの花も初めから無形の世界に捲《ま》き収《おさ》められている。それがある条件の備わった場合に、活動写真が銀幕に映るようにそこに現れるのであります。これが「習慣の心」あるいは「傾向の心」というもので、心理上の言葉で言いますとちょっと狭くて完全に当てはまらないのですけれども、広義の潜在意識ということに当てはまるのであります。ところが我々の物質界に出てくるところの物質的肉体的姿、形、ダリヤの花なら、その花の姿、形というものは、それは物質的に出て来るまでの心の世界に初めにあるものが、それが形に現れてくるとこういう美しい現実的な形になるわけであります。

三、形の世界以前に「形なきもの」がある

吾々《われわれ》の運命も、不幸なあるいは幸福な運命が形の世界にでき上るまでに、心の世界にそれができ上り、心の世界にでき上ったフィルムが現実世界に現れて来るのでありま す。だから、事件が起る前にその通りの光景を夢の中や、精神統一中にアリアリと見る

こともできるのであります。『生命《せいめい》の實相《じっそう》』の中にも例を挙《あ》げてありますが、ある人は、水車の修繕をしている時それに巻込《まきこ》まれて足に重傷を負い、ついに片脚を切断するという夢を見て、今日は危い予感がするから、出勤しても何か故障が起きても断じて修繕すまいと思って、水車小屋の後の山の中に逃げたが、山の中に材木泥棒がいたので、それを捉《とら》えようと思って追っかけているうちにすっかり夢の中の事を忘れてしまって、工場へ帰ったところを、のっぴきならぬ工場主からの頼みで、水車をちょっと修繕してくれと言われて、断りきれなくて修繕したら、注意を重ねて作業したにも拘《かかわ》らず、とうとう夢に見た通りに水車に巻かれて重傷を負い、片脚を切断せねばならないようになった。これは現実の世界にその事件が起るまでに、心の世界に起っていたから夢の中で見ることができたのだとあります。

またある児童が電車に轢《ひ》かれるという予告が夢の中にあったので、轢かれないように一所懸命《いっしょけんめい》見張りをしておったのに、ふと見張りの隙《すき》にその児童が電車に轢かれてしまったというふうな現実も書いてありました。そういうふうに心で事件以前に見た通りが現れてくるのは、どうして現れてくるかというと、潜在意識の世界にある観念――無形の世界にある観念が、現実世界に形を現して来るということになるのであります。無形の世界に無形の「心」という元素で造られた心の影、心の姿、形というものが我々の運命の世界に出てくるわけであります。

ある時、中神《なかがみ》さんという人が自分の子供が突然亡《な》くなった話をなさいましたが、別に予告現象というはっきりした現象もなかったのですが、子供がどういう訳で死んだのであろうかと思っておられたら、妙なことに已《や》むを得ず古本屋へ出て行かなければならないような事情になって、古本屋へ行くと、『生命の實相』の数日前に新刊されたばかりの「風の巻」（革表紙縮刷豪華版全九巻のうちの一巻）の新しいのがすでに古本屋にならんでいる。その本の発売元に勤めている中神さんのことですから、新刊二、三日後に古本屋に読み終りもせずに売られている古本に興味を感じて買ってお帰りになった。そして披《ひら》いて見たら栞《しおり》が、あるページに挟んであって、年幼くして死ぬ児童はこういうわけであると、ちゃんとそのページに記してあったということであります。あるべき事があるべきようにチャンと手廻《てまわ》しができているのです。また二、三日前にお盆ではあるし、暑苦しいから髪の毛を散髪してやりたいと思って理髪店で散髪してやったら「これはあなたのお子さんの初めての髪の毛ですから大切に保存して置きなさい」と言って、半紙にちゃんとその死ぬべき赤ん坊の髪の毛を包んで呉《く》れたので保存してある。これが今では大切な形見になったのです。

そういう事などから想像しましても、その幼児の死が起るまでにはその死の準備がちゃんと整っているのでありまして、これもすでに心の世界にあるべきものが形の世界に現れて来たのであるということを知る事ができるのであります。すべて心の世界にないものは出て来ないのでありまして、心の世界に造られたものが形に現れてくるから、こういうことになるのであります。ですから我々は心の世界に良きものを造るように心掛けなければならないのであります。

四、良縁の求め方

結婚問題なども、まず心の世界で造られて、それが、次第に形の世界に顕《あらわ》れて来るのであります。形の世界でいくら焦《あせ》ってみても、急いでみても、心の世界に成就《じょうじゅ》していないことは実現しない。ですから、まず神に祈って神と一つになって、神の導きで心の世界に良縁を作って置きさえすれば急ぐことも焦ることも要《い》らないが、自然に、それが形の世界にあらわれて来るのであります。

ある時、関西へ講演旅行に参りましたらこういう話をきいて来たのであります。京都にAさんという人がある。娘さんが三人あるのですが長女が二十四歳でもう婚期を過ぎて来たというので、親達は幾分《いくぶん》か取越《とりこ》し苦労をしておられたのであります。どうも娘の縁談が遅いから、どうしたら好《よ》かろうかと親しい友達のIさんに御相談になったのです。するとIさんが「引っかかるということが一番いかんのやさかい、どうでも神様にお委《まか》せいたしますという気になりなはれ。早く片づけんならんという事もないし、自然が一番好いのどっせ。そうかというて、いろいろの人に頼むというのはいかんと自然に来るのばかり待たんならんと力《りき》むということも要《い》らへん。人に頼みとうなるのも自然やさかい、嫁にやりたい娘があったらその写真をたくさん写して知っている人に皆くばっておいて、神様よきようにして下さいと神様にまかせて置いてもええ」と言われたのです。Aさんは帰ってその事を自分の娘に話されますと、お嬢さんは「私、嫌《いや》やわ。そんな写真だけ見て好きになるような人は。私本当に本人と本人と会って、好きだと心から思うような人でないと嫌やわ」と言われた。それにも一理あるのでAさんはお嬢さんの写真をたくさん撮って知人へ配るというような事はせられませんでした。しかしIさんの言葉で安心せられました。それは「早く片づけんならんということもないし、ねばならんということはない、引っかかるのが一番いかん。自然が一番好い」ということでした。娘がそういうのも自然であるし、それで好い。何もかも知り給《たま》う神様が好《よ》いようにして下さる。もう神様にお委《まか》せしましたという気になられました。するとIさんから「この青年にお嬢さんを嫁《とつ》がせたら」と言って一枚の写真を持って来られました。相手は相当のところであるし、娘も別に嫌だと言わないし、縁談は順調に進行いたしました。

五、心の引《ひ》っ掛《かか》りを棄《す》てよ

ところがある日のこと、自分の甥《おい》が東京からやって来たのです。Aさんは近いうちに娘が結婚することになっておって、この人と縁談が進行中である、この人がその相手なのだと言って写真をその甥に見せたのであります。するとその甥がじっとこの写真を十分間ぐらい睨《にら》んでおってそれから「伯母《おば》さんどうも僕の心にピッタリ来ない、私がこう見ているとどうも私の目と目が合わないから僕はこの縁談はよくないと思う」と言うのです。その甥というのは人相や相性《あいしょう》をよく観《み》るのだそうです。「なるべくなら止《や》めて置きなさいよ。私の友達に良い候補者がありますから、その方《ほう》へやったらどうです」という話なんです。

ところが、甥がそう言ったと言って断るわけにもゆかないし、それからIさんとも親しい間柄であるから、Iさんから話があったのを、そんな薄弱な理由で無暗《むやみ》に断るわけにもゆかないのです。すると、甥《おい》が言うのに「いやそれは良い断《ことわ》り様《よう》がある、それでは八卦見《はっけみ》(占い師・易者)の所に行きなさい。そして八卦見の所に行って、もし良いと言ったら仕方がないからお嫁にやりなさい。しかしもし悪いと言ったら、それを口実にしてお断りなさい。そうすれば、誰某《だれそれ》が言ったと言って先方へ傷がつかなくて好《よ》い」という話だったそうです。それからAさんが八卦見の所に行ったそうです。八卦見に行って互いの年齢を言って「これとこれはどうですか」と言ったら、「それはいかん。大変相性が悪い」と一言《いちごん》の下《もと》に言ったそうです。そうして八卦見が「いかん」と言ったのですから誰にも疵《きず》がつかずに断れる訳ですが、本人が居《お》って断っては、相手を嫌って断ったとあっては悪いからと、そのお嬢さんを甥が東京へ連れて行ったのです。それから、その甥の方《かた》がAさんのお嬢さんを東京の自宅へ連れて来まして、自分の知合《しりあい》の男に紹介するつもりでおられました。

ところがその甥というのは三年程前に結婚して東京に家を持っているのです。音楽家であってそれからその友達の所へ音楽家の友達が多勢《おおぜい》やってくるのです。ところがある日、音楽学校の新しい先生でYさんという青年が甥のところを訪ねて来まして、ふとお嬢さんを見そめたそうです。ふと見そめたけれども何とも言わないで「ああ、あのひとは善さそうな人だな。あんな人を妻に欲しいな」とこう思ったのです。そう思っても本当に恋しいと思った場合には相手の運命のことなどを考えて軽々しく求婚などもできないものです。その慎重な青年音楽家は何にも言わないで、そのまま自分の思いを秘めて自宅へ帰って行きました。「今、自分は音楽家としてスタートを切ったばかりで収入も余計ないし、親に細君《さいくん》を貰《もら》ってくれと言う程には、確乎《かっこ》たる実生活の基礎が築かれていないから、あの人を欲しいには欲しいけれども、結婚してもあの人を幸福にしてあげられない」こんなことを考えて、遠慮して、そのままそれを自分の心の中《うち》にのみ秘めておられたのであります。

やがて、学年が終って学校の休みに、この青年が故郷《くに》へ帰ったのです。すると、故郷《くに》の父が突然「お前、嫁貰わんか」と言うのです。「嫁貰わんかと言っても、どうもまだ自分の生活がしっかりしてないのだから、貰う訳にも参りませんね」と答えますと、父は「しかし、貰《もら》うなら、良いのがあったら貰っても好《い》いだろう、生活ぐらいの事は心配しなくてもいいよ。良いのさえあれば生活の方は俺の方から足してやろう」こういう話なのです。「それは良いのさえあれば貰っても悪くはないけれども、何分《なにぶん》その自分だけがやっと生活できるくらいだから……」と答えますと「構わんじゃないか、いいのさえあれば。お前知らんか？　Aさんの所に良い娘があったじゃないか」と父はこういうのです。そして「この人だよ、お前貰う気はないか」と一枚の写真の中の一人のお嬢さんを指差《ゆびさ》されたのを見ますと、どうしたことでしょう。先日Aさんの甥の宅で初めて遇《あ》って「あの人を欲しい」と思ったお嬢さんだったのです。

というのは、もう三年前甥が結婚した時、結婚式にAさんが甥の結婚だというので娘と一緒に参列したのです。その音楽のお父さんもその結婚式に参列しておって、その時親がAさんのお嬢さんを見そめておったのです。そして「もう二、三年した頃にあの娘欲しいな」と、その時から、自家《うち》の息子の嫁に欲しいと思っておられたのでありました。親の方はちゃんと心にきめて置かれたのを、その青年はAさんのお嬢さんだとは知らないで、甥の所で偶然に出会って「あの人欲しい」と思って、胸に秘めてあったのです。それを親の方から貰わんかというので何という好都合のことであったでしょう。そんなわけで早速電報で、Ａさんとその娘さんと一緒に上京せよという電報が東京の親類から来たのであります。何の事かと思って二人が上京してみると、まるで誂《あつら》えたような縁談だったのであります。

この良縁はいわば、三年前から甥の結婚式に両方の人達が参列した時から心の世界にできていたのであります。それが「早くこの娘を片づけねばならぬ、片づけねばならぬ」と思ってあせっていられる間は、その「ねばならぬ」という心の引っかかりが邪魔になって形の世界に顕《あらわ》れるのが遅れていたのですが、生長の家へお入りになって気分が開けて行って、そうしてもう早く片づけようと思わなくなって、神様の御心《みこころ》のまにまにどうなっても宜しゅうございますという気持になった時、良い具合に向《む》うからちゃんとそういうお献立ができて来て、願ったり叶《かな》ったりの縁談が整ったのであります。引っかからない心、素直な心、そのまま受ける心、今あるうちで何でもできる事を素直に実行する心、こういう心になりますと「我《が》」の心が除《と》かれますので、神様が心の世界に用意して置いて下さった一番好い事が現実世界へ現れて来るのであります。

六、心は巧なる画師

というのは吾々《われわれ》の心は、華厳経《けごんきょう》の唯心偈《ゆいしんげ》に書いてある通り「巧《たくみ》なる画師の如《ごと》く」どんなものでもこの現象界へ描き出すのであります。ちょうどラジオ・セットの波長みたいなものでありまして、その波長に合うものだけを引寄《ひきよ》せる。それを画家が自分の個性相当のものを描くように描き出すのであります。必ずしもある具体的な病気とか不幸とかを思わなくても、それに類似するような暗い心を持続していますと、類は類を招《よ》ぶ心の法則によってそこにある具体的な病気や不幸が起ってくるので、必ずしも一定の病気とか不幸とかを思い浮べなくても、心の創化作用によって具象化するのであります。ラジオのセットは何も一定の姿を思い浮べる事はないけれども、よそから放送があるとどんな放送であっても具体的の響きをそこにたてるのでありまして、それと同じことで我々の心も、ラジオのセットのようにこの習慣の心が常に悪い波動を出し、悲観的波動を出し、暗い波動を出し、人を恨《うら》んだり、ぶつぶつ言ったり、陰気な憂鬱《ゆううつ》な波動を出していたならばそれにふさわしい波長をもった観念が集って来て具象的に現れるのであります。

自分自身は何も結婚の最初から「離婚」などという不祥《ふしょう》な事は思い浮べていないにしましても、この世界のどこかにおいて「離婚」という不祥な事件はザラにあり、その観念はいたるところに満ちていますので、もし、その観念を感受するような暗い棘々《とげとげ》しい心を持っていましたならば、宇宙に満ちている「離婚」の観念がその波のラジオ・セットに引掛《ひっか》かって具象化するのであります。たとえばＪＯＢＫならＪＯＢＫの波長を自分の心に起す、そうすれば、宇宙のどこかにあって放送しているところの「ＢＫ」の波動を自分の心の波動が磁石になって引寄《ひきよ》せ、それを具象化するのであります。「不幸」というものは本来ないのですけれど、すべてそういう具合にして我々の心のセットに掛《かか》ってきまして、そこに形に現れるということになるのであります。「本来無い不幸」がどうして現れるかというと、すべて「我《が》」の心がもとになるのであります。「我《が》」というものは「本来一体」のものを取違《とりちが》えて、分裂感《わかれたかんじ》を起したものであります。ちょうど大海《たいかい》の水のように、我々《われわれ》の生命は、「神」と「自《じ》」と「他《た》」と、その三つは一体である。それが波と波とのように分れて、本来一体でないと思い、「我《われ》」だけで、齷齪《あくせく》苦労《くろう》しなければならないと思う、これが「我《が》」の心であります。この「我《が》」の心で苦労すると本来一体が一体でなく見える。大海の水が一体でありながら無数の波に分れているように見え、満月は本来マン円《まる》いにかかわらず、くだけて不完全に見えるように不幸は本来ないに拘《かかわ》らず、不幸の相《すがた》が表面に現れて来るのであります。ですから幸福を招きたい人は「我《が》」の心を捨て、引っかからない、素直な心、そのまま受ける心、神様におまかせした、全体の動きにおまかせした、明るい、焦《あせ》らない、朗《ほが》かな心をもつ事が大切であります。「我《が》」があったら人間は明るくなれません。「我《が》」をとったら明るくなる。明るい世界に暗い影は這入《はい》って来ないのですから、常に心を明るい清らかな嬉《うれ》しい嬉しいの状態で置きますと、万事《ばんじ》都合よくそのままで何でも整うようになるのであります。

第七章　本来一つのもの

一、新しき幼児の心

皆さんも子供たちに接して、また御自分が子供であったという体験から御存知でありましょうが、子供というものはすべてのものに、新しく接した気持で、また実際新しく接するのでありますから驚異の眼をもって、すべてのものを見ているのであります。子供にとっては花が咲くのを一つ見てもそれが不思議である。「どうしてお花咲くの?」とこういうような質問を吾々《われわれ》はたびたび子供から浴びせかけられたものであります。星が煌《きらめ》くのを見ても「どうしてお星様光るの?」という様な事を尋《たず》ねます。「太陽はどうして朝出てそして夕方になると沈んでしまうの?」これが子供のすべてのものに対する驚異の心であります。明治の文豪国木田独歩《くにきだどっぽ》の小説に『牛肉と馬鈴薯《ばれいしょ》』というのがありますが、その小説の主人公が「私はびっくりしたいのです」と言っています。

幼児はすべてのものに対して新鮮な感じを失わず、いちいちそれに接するごとに「オヤ?」「何故《なぜ》?」という心で吃驚《びっくり》するのであります。そのびっくりする心の新鮮さというものが、吾々《われわれ》の心のうちの一番尊い心持《こころもち》の一つでありまして、何物に接しましても新鮮な物として感ずる。「物」そのものは古くとも、心持が新しいから新しく感ずるのであります。ところが、大人はともすると心が古くなる、古くなるというのは日に日に新しくならないことです。心が日に日に新しくならないとは心が凝《こ》り固《かた》まってその自由を失ってしまうことです。この自由を失った固まった心で何時《いつ》も同じ物に触れておりましては、事物の本当の有難《ありがた》さと不思議さとが分らないのであります。花が咲くのも当り前ではないか。星が光るのも当り前ではないか。空気のあるのも当り前ではないかという事になって、すべてをただ当り前に思ってしまいますから、何物にも感激というものが起らないのであります。そのためにどんな恩恵をいただいていても事物の有難さが分らないし、感激もないし、平々凡々の世界で心の喜びというものがさらにないわけであります。心がこの新しさを失った人ほど気の毒な人はない。この新しさを取返《とりかえ》すことを心の眼を開くと言うのであります。

本当に吾々が生命の神秘に目醒《めざ》めて事物に接した場合には、その草花は、実に精緻《せいち》微妙な構造にできているではありませんか。人間が工夫して造花を拵《こしら》えてみましても、とうていああいう美しい微妙なものはできないのであります。一本の小さき草花にも生命の神秘は宿る。それを拵《こしら》えたものは一体なんであろうか。何がかくの如《ごと》き美しい微妙な組織を作ったのであろうかという事が、子供には新しい心の眼に神秘に感ぜられてくるのであります。これに反して、大人はそれに慣れているから少しも不思議がらない。

ところがこの不思議がる心というのは神秘の本源を探りたいという心であります。神秘の本源を知りたいというのが宗教心であって、同時に科学心であります。科学というのも要するに神秘の根源を探りたいという心から出発しているのでありまして、この点は宗教もやはり同じであります。一本の草花があれば、この草花は、種子からどういうふうにして発芽《はつが》し、どういうふうにして伸び、どういうふうにして蕾《つぼみ》を拵《こしら》え、どういうふうにして花を開くかという神秘の根源を探ろうとする努力が、科学心でありますが、その探究がもう一つ無形の世界にまで深まった時宗教心となって現れるのであります。世間では往々宗教と科学とは衝突するように考える人がありますけれども、決してそうではないのであって、科学的探究心と宗教的探究心とは結局は同じものであって、神秘の本源を探ろうとする心が互いに別働隊として働いているに過ぎないのであります。

二、求めよ、さらば与えられん

吾々《われわれ》は何を見てもその本源を探りたいという溌溂《はつらつ》たる要求と念願とを持たねばなりません。この熱求《ねっきゅう》と熱願《ねつがん》とがある時には、それが、自然に直覚的に分るようになるのであります。イエスは「求めよ、さらば与えられん」と言われましたが、そのように求める心がある時は、その求める程度に従って私達に与えられる事になるのであります。

何でも当り前だと思っている人には求める心がない。リンゴが落ちても、リンゴが落ちるのは当り前ではないか。上にあるものが下に落ちるのは当り前ではないかと思っていたならば、万有引力《ばんゆういんりょく》は発見できなかったに相違ありません。上にあるものが下へ落ちる——その当り前の事が当り前でなくて、どうも不思議だと感ずるのは、その感ずる心が新鮮だからであります。この新鮮な心があってニュートンは万有引力というものを発見する事ができたのであります。ところが、ニュートンは万有引力を発見して、それで当り前だとなったからそれ以上探究しないで行詰《ゆきづま》ったのですけれども、もう一つ吾々は万有引力というものはどうしてあるのであるかと、さらにその奥深くまでびっくりしなければならないのです。もう一つその奥まで不思議がって、吃驚《びっくり》してその根源を探って行くところに、本当に深い宗教的発見というものが出てくるのであります。その点から申しますと、宗教心は科学心よりも一段深いところまで貫いて行く神秘に対する憧《あこが》れだと言わなければなりません。ニュートンは単に万有引力というもので満足しましたが、それではまだ物理的力であった。その奥の奥まで突き貫いて行きますと、そこはもう神の世界、宗教の世界になってくるのであります。

三、宗教心で神秘をさぐる

たとえばここに草花が咲いているとしますと、それは根から養分を吸上《すくいあ》げて、いろいろな有機作用が行われ、呼吸作用、同化作用と次々と操作が行われて循環すると、その養分が特有の形に排列されることによってこういう花の形が形成される――そこまでは物質的に分るのです。何故《なぜ》そういうふうに養分を吸収して呼吸作用や同化作用が営まれて、そういうふうな花の形に物質分子が排列されるかという、その奥まで探って行くと、ここに吾々は不思議な生命の力、神の力というものに到達するのであります。

ここに宗教心は科学心よりも尚一層深い探求心の現れとして一層深く真理を突き止めようとするのです。ですから、一層深い科学心ともいえるわけです。ですから、宗教というものは滅多《めった》やたらに迷信することではないのでありまして、科学心以上に深いところの詮索心《せんさくしん》なのであります。物質科学はいろいろの事物を外界から構造なんかを詮索しますけれども、まだまだその原因は？　と詮索し穿鑿《せんさく》し尽して行くとき、実に科学を越えたところの科学心が出て来る、これがむしろ宗教心であると言い得《う》るのであります。

四、生命の不思議

たとえば、人間はどうして生きているかというと、心臓が動くから生きているんだ、心臓が止《とま》ったら死ぬんだと、医者は科学者ですから、ちゃんとそれを知っていて心臓が動く、それで生きる、心臓が動くから生きると申しますが、しかし、あの心臓は何故動くかというところまでは医学は突止《つきと》めていないのであります。現在の医学ではまだこの心臓がどうして動くかという事は分らない。分らないために、「西式健康法」の西勝造氏などは、どうして心臓が動くかというと毛細血管の引力であると言い出した。末梢《まっしょう》の血管が毛細管になっているために、毛細管の引力によってその方へ液体の血液を引きつけるから、それがポンプ的働きをしてそうして心臓を動かす助けをするのである。心臓壁の筋肉の収縮力というものはそんなに強いものではないので、身体《からだ》全体に分布している無数の細い脈管《みゃっかん》の内部抵抗に打克《うちか》って血液を循環せしめるだけの馬力《ばりき》は、心臓のエンジンだけではとうてい出ない。そこで毛細管の引力というものを考えて、毛細管の引力によって血液を吸込《すいこ》むものだから心臓の収縮力が助けられて、血液が循環するのであるというような物理的の理窟をつけて西勝造氏は現在の医学に対抗しているのであります。

ところが、それも私に言わせればまだ奥があります。人間が死んだら、心臓もあり毛細血管の引力があっても早速《さっそく》と血液の循環は止ってしまう。そうすると毛細管の引力も心臓のポンプ的構造も皆血液を循環させる原因ではないという事になるのであります。何故《なぜ》毛細血管は伸縮して、ポンプ的働きをもって心臓を助けるか、何故心臓自身は伸縮して血液を送るかというような事は分らないわけであります。その「何故?」をもう一つ突止めて行った時に、吾々《われわれ》は本当に肉体的構造だけでなしに、物質的構造でなしに、ある不可思議な、目に見えない生命の働きというものがあるという事を突止《つきと》めなければならないわけであります。そういうわけで、何故心臓が動くか？　というところまで突き進んで行くのが宗教であって、宗教というものは迷信以上のもの、迷信どころではない科学以上に詮索《せんさく》深いものであります。

かくして吾々はどこまでも満足しないで、どこ何処《どこ》までもその原因を追究して行きます時に、「第一原理」とスペンサーが言ったところのそれに到達するのであります。「第一原理」というものは、それは何か他の原因によって存在するというものではなくて、始めからそれ自身によって存在しているというものであって、吾々は探究心によって詮索した極《きょく》の極は、この「第一原理」に到達するほか仕方がないのであります。たとえば心臓は何故動くかというとそれは細胞がこういう具合の組織になって、そういう具合に血液が循環して、呼吸運動がこういうふうになって血液の成分を新陳代謝させて居ると、そこの所をまだまだその原因をなおさかのぼって「何故この呼吸をするのだろう」と、その「何故」のもう一つ奥に、もう「何故？」と言う事ができないところの「最初のもの」――「第一原理」を肯定しなければならないようになる、それが神でありそれが生命であります。何故《なぜ》？　何故？　何故？――かくしてそれ自身が始めから存在する不可思議なものに到達する――その不可思議なものが神なのであります。これを神というものだといわなければならないのであります。では、もう一つさかのぼって「何故、人間にそんな宗教心があるか」と申しますと、それはやはり人間は本来、神から発したものであるから、吾々《われわれ》はその本源のものを見出そうという憧《あこが》れがあるからであります。たとえば吾々は、孤児として親なしとして何処かで養われているとしますと「自分の親はどこかにいるかも知れない、会いたいな」という気持が起るでありましょう。親に会いたい――この感じが本源を探究したい心である。「自分の身体《からだ》はどこで生れたか」というのも、自分の生命がどこから生れたか、その本源を探りたい、というのも、ともに親を知りたい、親に会いたい、親というものが何となく懐《なつか》しくて探らずには居られないその同じ要求でありまして、いずれも「もとは一つ」の大真理より発するのでありまず。本来一つのものであるから、分《わか》れ出《い》でてもまた一つに逢《あ》い知ろうとする働きが起るのであります。

五、言葉の手品に迷わされるな

ニュートンの発見いたしました万有引力《ばんゆういんりょく》というものも、物理的に何か万有引力というものがあるのだと説明されると、普通の人はちょっと満足するのでありますが、それは人間が言葉の手品にちょっと惑《まど》わされたに過ぎないのであります。往々人間は言葉で名前をつけたらそれでもう研究が終ったと考える場合が多いのであります。「リンゴは何故落ちるか」と問う人に「それは万有引力によってだ」と答えると「ああ分った」と申します。本当に分ったかというと、ちょっとも分っていやしない。それは人間が「落ちる」と言う働きに万有引力と言う名前をつけただけであって、何も解《わか》ってやしない。解っていないというのは万有引力の本体というものが分らなければ、判《わか》ったと言えない。判らないものに「万有引力」と名前をつけたところが何も解らないのです。たいていの人はそう言う名前をもって満足するのであります。

たとえば病気に罹《かか》ると、たとえばお腹《なか》が脹《は》れてお腹に水が溜《たま》ると、これは何という病気ですかと医者に診《み》て貰《もら》う、あ、これは「腹水病《ふくすいびょう》」だと言う。腹《はら》に水が溜っているから腹水病には違いありませんが、これは腹に水が溜っていることに名前をつけただけで何も判っていないのであります。ところが患者は腹に水が溜っていて「腹水病」だと名前をつけて貰ったら「ああ、あの先生はちゃんと診断ができるんだ」と思うのです。それからまた腹膜炎《ふくまくえん》という名前をつける医者もある。これは腹膜に炎症が起っているということで腹膜炎である。病名を言われると診断がついたと思われますが、その実《じつ》何も分ってやしないのです。腹が脹《は》れているから腹に炎症がある、それくらいの事は分っているのです。咳《せき》が出ると、これは気管支カタルだと言う、何もそれは分っていやしないのです。腹膜炎が起るのはどういう訳で起るのか。気管支カタルが起るのはどういう訳で起るのか。その本源まで突止《つきと》めて行った時に本当に科学と言う事ができるのじゃないかと思うのです。その他神経衰弱だとか、神経麻痺であるとか名前はいろいろつけますが、その病気の正体本源などは分らないで、症状に対して名前をつけて満足していることが多いのであります。

六、万有引力は神の愛の発現

話が余談になりましたが、この万有引力《ばんゆういんりょく》というのも単に物体の引く力に名前をつけただけであって、科学ではその万有引力の正体は判《わか》らないのであります。私に言わせれば万有引力とはやはり神の力であるという事を認めなければならないのであります。キリスト教で神は愛であるとこう申しておりますが、愛とは何であるかと言いますと、本来一つのもの、本来一つのものが、その本来一つであるということを再認識することが愛であるのであります。科学も、宗教も、本来一つのものが無数に分れたのが本来一つであるという事を再認識する働きで、再び一つであるという事を認める「愛」の働きであります。愛というものは「本来一つのもの」が、ある機会に互いに分れていたのが再び結び合う働きで、子供が親を、親が子供を、妻が良人《おっと》を、良人が妻を、愛する。これは親子夫婦と分れておっても本来一つのものであるという事を再認識する働きで、お互いに惹《ひ》きつけるのは本来一つであるから惹きつけて一つになろうとするのである。これを愛と申します。ですから親と子とは互いに離れがたく思い、夫婦は互いに別れがたく思うのであります。それを段々拡《ひろ》めて行きますと、単に夫婦親子だけでなしに全人類がすべて一つであり、一つの生命から出たところのものであるという事が判って、皆、手を繫《つな》ぎ合《あ》い度《た》いというような感じが起ってくるのであります。これは本来一つであるという事の事実から出てくるのであります。しかしこれはやはり宗教的直覚によらなければ五官では分らないのであります。五官で見、肉眼で見ましては各々《おのおの》の身体《からだ》は別々であり、別々の生活をしているのでありますから、肉眼で見る限り、本来一つということが分りはしないのでありまして、ここにどうしても五官を超越した直覚認識によって始めて吾々《われわれ》の生命は本来一つであるという事が分ってくるわけであります。そうするとすべての人類が一体であるということが判ってくる。それをもう一つ深く深めて行きますと、一切人類皆一つで、生きとし生けるものの生ける生命は一つの神から来ている、皆一つに手を繋ぐべきものであるという事が再認識されてくるわけであります。その時には、それを「愛」と言いましても、その愛は人類を越えて一切生類《しょうるい》の上にまで「皆《みん》な本来一つ」という感じが起ってき、みんなを愛するという気持が起ってくるのであります。更《さら》にもう一つ吾々の再認識が深まって来て、本来一体だという気持が深まりましたならば、生きとし生けるものだけではなしに、無機物にいたるまでも、すべて吾々と等しく神の生命の現れであるということが判《わか》ってくるのであります。釈迦《しゃか》は三十五歳の十二月八日に菩提樹《ぼだいじゅ》下《か》に坐《ざ》して悟りを開かれましたときに「有情非情同時成道《うじょうひじょうどうじじょうどう》、山川《さんせん》草木国土悉皆成仏《そうもくこくどしっかいじょうぶつ》」の相《すがた》を見たといわれました。一切のものが神の生命の顕現《けんげん》である、仏の顕現であり、本来一つのものであるという再認識に到達せられた訳であります。ここに釈迦は、一切の生きとし生けるもののみならず無機物までもことごとく如来《にょらい》と一つの生命を把持する存在である、もう一つ言い換えるとそこに神の生命が現れている、仏の命が現れているという事をお解《わか》りになったのであります。

七、存在の本体は神の生命なり

この釈迦《しゃか》と同じ悟りに達しますと、この世界が始めて神の国土であるという事が分ってまいります。現世浄土《げんせじょうど》の意義も始めて判《わか》って来るのであります。地球を物質だなどと考えているようなことでは現世浄土の意義を明徴《めいちょう》(あきらか)にすることはできないのであります。いままでは単に科学的立場だけでもって、この世界は物質的世界で、国土も物質の世界であると考えられておったのでありますけれども、そうでなしに有《あ》りと有らゆるものは、神の命の顕現であり、仏の命の顕現であり、同時に吾々の生命と同じものであるという事が分ってくるのであります。そこまで分って来ましたならば、わが生命をこの上なく愛する愛国の心というものの本体も判って来るのであります。さらに、前述の植物が呼吸作用を営み同化作用を営んで、無機物の単なる物質が呼吸作用とか同化作用とかの過程の奥に一種の神秘的作用があって、自己を育て生かし生長させているというその神秘な働きの本体というものが分って来るのであります。単なる物質が生命に変化するところの過程というものが今まで分らなかった。物質は物質であるし、生命は生命である。何故御飯《なぜごはん》をたべると、物質が生命に変化するかという事は今まで分らなかったわけでありますけれども、一切の生きとし生けるもののみならず無機物までも神の命の顕現《けんげん》であり、仏の命の顕現であるという事が分って来ますと本来物質でないものを物質だと観《み》ていたに過ぎないのでありまして、物質と見ゆれども本来生命であるから、生命に変化する事が当然であると判って来るのであります。金剛経《こんごうきょう》に「山、山に非《あら》ず、これを山と言う」という語がありますが、「物質、物質に非ず、これを物質と言う」と判ってまいりまして、今まで物質と認められていたものも本当は物質ではなく、すべて一《いち》如《にょ》(元はひとつであること)の生命であった事が分かってくるのであります。すべて一如の生命であったものを吾々《われわれ》が食物として食べ、それによって生き、栄養を与えられて、呼吸作用、同化作用によってすべての物質が生きる生命力に変化する事が分るのであります。そうなりますと万有引力《ばんゆういんりょく》などというものも自然と解決されて来るのであります。万有引力によって互いにひっぱり合うというのも、本来一つの生命であるからお互いにひっぱるという事になるのであります。本来一つでなかったならば、また、生命でなしに単なる死物の物質でありましたならば、ばらばらになっていて引っぱるわけでもなければ、お互いに秩序整然として運行する事もないわけであります。ここに吾々《われわれ》は、この本来一つの生命というものを直覚認識によって摑《つか》む事によって、国土愛、人類愛から、その物質が生命となるという食物の同化作用呼吸作用の問題から、万有引力《ばんゆういんりょく》問題、心臓が何故《なぜ》動くかという問題まで、ことごとく完全に解決される事になるのであります。これは要するに直覚認識によって認め得られるので、五官の認識によってばらばらの個人別の肉体や、個々別々に分れて居る世界だけを見ているだけでは分らないのであります。

八、「物質無と哲学」

では、どうして有情非情《うじょうひじょう》悉皆成仏《しっかいじょうぶつ》の生命の実相《ほんとのすがた》、すべて一つの生命によって生きているという事実を本当に認識するにはどうしたら好《よ》いかと言いますと、しばらく五官の認識というものを離れる事が必要であります。それで禅宗では坐禅《ざぜん》をし、生長の家では神想観《しんそうかん》によって「吾今《われいま》五官の世界を去って実相《じっそう》の世界に入《い》る」とこう念じて実相の世界に坐《すわ》っている自覚を再認識するわけであります。あれを続けて居《お》ります時に始めて自分の中に生きている命は、イエス・キリストが言ったように「アブラハムの生れぬ前《さき》よりある命である」数十億万年の前の地球がまだ星雲状態であったその以前からある命である。地球が星雲時代の摂氏《せっし》数十万度何千万度の高熱の時にも焼けずに生き続けた生命が自分の中に生きている、これが本当に自分の命であるという事も悟れてくるのであります。それで、法華経《ほけきょう》においてお釈迦《しゃか》さまが百千万億阿僧祇劫《あそうぎこう》前から自分は悟りを開いた自由自在な生命である、というように説かれた。それがホラでもなく本当の事であった事が分るのであります。どんな危険な場合でも、死なずに生きている命、久遠《くおん》の昔から星雲が発現するまだまだ以前から生きている神秘不可思議な生命そのものが自分であって、それがここに現れている、こういう道理になるのであります。自分の命が如何《いか》に尊いかという事が分ると同時に、その星雲状態の以前からの命が自分自身だけに生きているのではなく、皆に生きている事が分ってくる。そうなりますと、皆が本当に兄弟である、万有《ばんゆう》ことごく兄弟である、人間はむろんの事、有《あ》りと凡《あらゆ》るものが本当に兄弟だと実感されて、すべてのものが拝《おが》めるようになる。拝むというのはこちらが弱くて一層偉いものに頼むという拝み様《よう》ではなしに、互いに尊び懐《なつか》しみ合うのでありまして、自分はすべての人とすべての生きものと、生きものだけでなしに、すべての無機物とさえもことごとく一体の生命であり、それらが星雲状態の摂氏何十万度の高温においても、焼きつくす事ができない、ノアの洪水《こうずい》にも亡《ほろ》びないところの、無限生き通しの生命がここに生きているのである、あなたもそうである、私もそうである、何と懐しいではないか、と互いに、手を繋《つな》いで拝めるようになるのであります。この「本来一つのもの」という直覚認識がすべての隣人愛というものの本源になり、またものを大切にする事の本源にもなるのであります。それがまた事業界において成功する本源にもなります。およそ事業界においてさえも本当に成功しようと思う人は、ものを拝む事ができるようにならなければならないのであります。拝めなければそこから無限の力が出て来ない、鰯《いわし》の頭も拝んだら後光《ごこう》がさして病気でさえ治《なお》るのです。そういうすべてのものを拝んだ時に、そこからそれだけの力が出てくるのであります。ですから吾々《われわれ》は何でもありがたくならなければならない。一切《いっさい》の事物を観《み》るのに、これは釈迦牟尼仏《しゃかむにぶつ》の生命が顕現《けんげん》しているのだ、と分りましたならば、一枚の紙でも粗末にできない。それに内在する百パーセントの力を発現させる事になります。一枚の紙と言いますけれども、一枚の紙でもこの本当に拝む心で手紙をお書きになると致しましたならば、その一枚の紙がどんな働きをするか知れない。それはお守りみたいな神秘的な働きをして、その手紙を受取《うけと》った人の病気が治る事もある。あるいは一枚の手紙によっては何万円という金でも貸してくれるかも知れない。この一枚の紙ですら、それを如何《いか》に拝んで生かしたかという事に、無限の力が出てくるわけであります。谷口哲学で物質はないと言うのもそこにあります。物質はないと言うのはこれは紙であるから物質無であるから粗末にしようというのではその「無い」に捉《とら》われたのであります。吾々はいっさいの事物を見るに神の生命だと見れば無限の価値が出ますが、これは何グラムの目方で何と何との原素が寄り集ってできたものである、これは単なる物質である、と見れば、それだけの価値しかないのであります。ところが、紙を物質と見ない人は、往々この一枚の紙を無限の力に変化する事ができる。この一枚の紙に手紙を書く、愛の念波をこめて書けば、これが何万何十万の人の命を生かすようにも変化する。そうすると、本来物質という限定されたものは何もないのでありまして、吾々《われわれ》が拝む程度にこの物質の価値が変化するのであります。これが物質がないと知った人のできる手品で、無一物中無尽蔵《むいちもつちゅうむじんぞう》という手品であります。「無一物」と言っても、着のみ着のままになれと言うのではありません。「物質なし、唯《ただ》、神のみある、唯、仏のみある」と知ることです。それが判《わか》ると吾々は何を見ても、本当にこれを拝まずにはおられない。一切のものはそれを拝むとき、物質ではないところの、物質以上の無限の神の大生命の力を現《あらわ》してくるのであります。およそ谷口哲学の、「物質はない」と言う言葉は非常に尊い、易《やさ》しい、しかも難しい言葉でありまして、往々誤解されるのでありますけれども、こういうふうに考えていただけばその大要は把《つか》めると思うのであります。

第八章　美しき生き方

一、美人薄命の原理

〝美人薄命《びじんはくめい》〟という諺《ことわざ》があります。美しい女の人は往々薄命であるというのはどういう訳であるかと言うと、これは常に人から思われるからであります。「思う」のは「悪くあれかし」と思うのではないのでありますが、それでも「自分のものにしたい」という縛《しば》る念をもって、念波《ねんぱ》を送るということになるのであります。みんなが念波を送って「あの人を自分のものにしたい」と四方八方から「縛る念」を送ってくるという事になりますと、その念波によって自分が縛られてしまって、そうして動きがとれないということになる。それで、美人は薄命な運命になるというのであります。そうするとあまり美人でない方が幸福でありますけれども、吾々《われわれ》でもよく「先生、こちらへも講演に来て欲しい、あちらへも講演に来て欲しい」と思われる。この「欲しい」の念は執着の念でありますから、よほどこちらが用心して、そんな縛る念波に引っかからないようにしていないと、縛られて病気になるのです。しかし縛る念波を避けるには縛らないような念波を持っておれば、波長が合わないから、それにひっかからないという事になります。

しかし、「欲しい」という念は相手を縛る念ですから、皆さんが家庭をお持ちになっても、良人《おっと》に対して「あれを買って欲しい、これを買って欲しい」などの念をお起しにならないのが好《よ》いのであります。念波というものは不思議な力を持っているのでありま す。それでは、どういう念波を出すのが好いかと言うと、人から喜ばれるような念波を出す。「どうぞ、あの人の良くなるように」というような念波を常に送られているものは常に発達する。「あの人は憎らしい奴だ。やっつけてやれ」という念波を諸方から送られると、その人がいくら努力しても運が悪くて衰微《すいび》して来る事になります。祖先の時代にあまり非道《ひどう》なことをしていて、人から憎まれている場合には子孫がその憎しみの念に縛られて不幸災難を受けることがあります。しかし、憎しみの念の災《わざわい》を避けるには愛の念波を起せば好《よ》いのです。そうすると波長が合わぬ為に憎しみの災《わざわい》を受けぬのであります。吾々《われわれ》が祖先に対して『甘露《かんろ》の法雨《ほうう》』をあげるとか、祖先を礼拝《らいはい》して良き念波を送るのも祖先を栄えさせるためであります。これは念波によって祖先を良くする道でありますす。それは祖先の霊魂が霊界で苦しんでいるにせよ、あるいは霊界にいないで、すでに生れ変って他の人間となってこの世に出ている場合であるにせよ、その人を目指して「その人よ、良くなって下さい」という善念を送りつつ『甘露の法雨』を読むとか、陰膳《かげぜん》として何かお供《そな》えしてあげるとか、ともかく、こちらから「あの人をよくして上げたい、生かして上げたい」という念波を送ってあげますと、その念波を受ける相手の人はトントン拍子に都合が良く幸福になるのであります。

二、吾等の運命は心に在《あ》る

吾々の運命というものは、こういうふうに、どこからともなく、子孫からでも他人からでも送られて来る念波によって変化するのであります。甲《こう》を思い浮べるのでも乙《おつ》を思い浮べるのでも、それはちらと頭を掠《かす》める思いであります。ほんのちょっとしたことに肝癪《かんしゃく》を起して家庭や会社を飛び出す。いつもなら何でもないことが、ある時にとうてい耐えられなくなる。こういうちらと頭を掠《かす》める思いが人間の前途の運命を左右するのであります。どういう時にどういうふうに心が動いて来るか、その神秘を司《つかさど》るものは宇宙を浮遊しているいろいろの念波にあるのです。都合の悪い人は悪念波ばかりを感受して、せっかく、そこにいれば出世するような所を飛び出したり、発明にも資本を出してくれそうな所へは因縁《いんねん》が結ばれないで、何となしにその人が行くと毛嫌いされてしまうような所へ旅費を使って「資本を出してくれないか」と申込《もうしこ》んで、剣もホロロに断られ、そのためせっかくの発明も何もならないというような事になります。

このように吾々の運命を支配するものは不思議な一瞬のちらと頭を掠《かす》める思いです。右するか、左するか、滅亡の道か、繁栄の道か、これはちらと、吾々の頭を掠《かす》めるほんの不思議な微妙な閃《ひらめ》きにありますので、この微妙なスィッチを司《つかさど》っているものは何であるかと言うと、この宇宙の無数のラジオの様《よう》な精神波動である。その中のどの波動に感応《かんのう》するかということによって、良い波動を受けるか悪い波動を受けるかが定《さだ》まるのでありますす。吾々《われわれ》が良い波動を受けるにはどうしても吾々自身が良い波動を受けられる良き波長を出すラジオ装置にならなければならないのです。念波の感応は波長の共鳴によるのでありますから、自分が繁栄するには、人をよくしてあげたいという深切《しんせつ》の良き念波を常に起していなければならないのです。「あの人を生かして上げたい、この人を生かして上げたい、深切をして上げたい、喜ばしてあげたい」という念波を常に起しますと、宇宙に普《あまね》く満ちている「生かしてあげたい」という念波がまた自分に引っかかってくるのであります。そうして良い考えが浮んで自分の運命が自然と好転するのでありますす。まことにも善念は善念を招《よ》び悪念は悪念を招ぶ事は真理であります。

三、人格の雰囲気を良くするには

常に吾々が善き念波を起すようにいたしていますと、人格の雰囲気というものが良くなってまいります。人格の雰囲気というものはなかなか一日や二日で変ってくるものではないのでありまして、それは長時間の間自分の心に持続する精神波動が人相《にんそう》に変化を及ぼし、態度姿勢にまで変化を及ぼして、それから何となしに懐《なつか》しい、親しみ易《やす》い、信頼し易いというような空気の出る人もあれば、ある人の所に行くと、窮屈で烟《けむ》たくてしかたがないという人もある。あるいはあの人の顔を見ると気持が悪くて虫ずが走るような気がするという様な人があるという具合に、人それぞれに人格の雰囲気がちがうのでありまます。これはいくら紅《べに》をつけても白粉《おしろい》をつけても、そんな表面のごまかしではどうにもならないのでありまして、やはり常に持続している自分自身の念の波が肉体に現《あらわ》れているという事になるのであります。

その一例としましては、「岡田式静坐法《せいざほう》」の先生で、今は亡くなりましたが小林参三郎という、当時、京都の東寺《とうじ》の境内にある済世《さいせい》病院の院長をしておった人の著書に『生命の神秘』とか『自然の名医』とか題する本のはじめのところに書いてある話に、ある日非常に良い人相見《にんそうみ》が知合《しりあい》の役者に遇《あ》いましたら、とてもその知人が悪人の相をしておって、今に不幸な運命の危害が加えられるというような人相が現れている。それを指摘して言って上げようかと思ったけれども、それを言って上げたらその人が心配するといけないからと思って、その人は言わないで別れてしまった。それから半月ほどしてまた同じ役者に同じ人相見が遇ったのであります。すると今度はあべこべに非常に良い人相になって、如何《いか》にも天が祝福しているような人相をしているのだそうです。それから今なら言っても心配する事はなかろうと思って「実は、今君の顔を見ると、とても輝いて天が祝福しているような顔をしているが、この間、半月ほど前に遇った時には実に悪相《あくそう》をしておった。今にも君の身に危害が加わるような人相をしておったが、どうしてこんなに変ったのか」と言ったそうであります。そうすると、その役者が言うには「実はあの時は原田甲斐《かい》という悪役の芝居をしておった。それでその芝居をやっている間じゅう原田甲斐になりきってしまってそういう人相をしておったのでしょう。ところが今は大《おお》石内蔵之助《いしくらのすけ》をやっている」と言うのです。

それはむろんよく鑑定のできる人相見だからこそ、はっきりその人相の微妙な変化が分ったのでありましょうけれども、毎日いつまでも心にそういう原田甲斐のような心を持てば人相見ならずとも普通の人が見ても「あいつ、やはり悪人であるな」という事が判《わか》るほどに人相が具体的に変ってくるに違いないのであります。ですから吾々《われわれ》は人相がよくなりたい、不幸を受けないような人相になりたいと思うと、誠心の深切《しんせつ》な大石内蔵之助のような良き念を常に思い浮べるようにして、良き雰囲気を自分の全人から立騰《たちのぼ》らせるようにしなければならないのです。深切は人のためならず自分のためであります。深切の念を吾々が起せば、宇宙に充ちている幸福の念波、生かしてやろう、育ててやろうという念波を受ける。そうして良き考えを自然に思い浮べることになり、自然と良き方に引摺《ひきず》られて行き、善人のみ栄えて悪人は栄えない事になるわけであります。そんな事は嘘だと考える人があるかも知れませんけれども、決してそうではないのでありま す。よく善人で周囲と衝突したり、周囲に容《い》れられないで不幸になる人の中には、こせこせして善に執《とら》われたり頑固《がんこ》で剛情《ごうじょう》で自分の考えばかりを良いと思って、自分の「善の尺度」で人を批判して悪口ばかり言っているような人がたくさんあるのであります。そういうふうな善人はどんなに善人みたいに見えても本当の善人ではないのでありま す。それはこの人の心が非常に狭くて他の人を生かさない事を現《あらわ》しているのでありま す。ともかく、深切《しんせつ》ということは、深く切なるていねいな思いであるとともに広々とした思いであり、自分の尺度に執着しないで、相手を生かす思いであることを知らねばなりません。

四、民主主義道徳の根本は「個」の目覚め

新しき民主主義の観点に立つとき、まず個人の目覚めが先決問題でありますから、道徳の最初の根本が「自分に深切にせよ」というところにあるのであります。今までの普通の道徳的教えはたいてい「他に深切をせよ」と言うので始まりましたが、デモクラシーの道徳の根本は「まず個なる自分自身に深切であれ」という事から始まってくるので

あります。自分が悪くても良いと言うのならばその自分が何のために善事をなさねばならぬかということになりますから、まず「自分」というものが確立しなければ一切の道徳は基礎を失うのであります。まず自分に本当に深切であることの必要がわかって、さらに自分に深切をするには、どうしても他に深切をするよりほかはないということが判《わか》ってくるのです。それではその自分というものは何でできているかと申しますと、自分とは「心」であります。この「心」は一種の波すなわち精神波動を起す本体でありまして、いわば音楽の楽器のようなものであります。「心」という楽器から常に吾々《われわれ》は生きている限り、精神波動を起しているのであります。この精神波動を「念《ねん》」と申します。「念波《ぱ》」と申すこともあります。この念波をよきものにする、清らかなものにする、尊きものにする、調和あるものにすることが、一番自分自身に深切というわけであります。

五、心の音楽を高貴ならしめよ

御婦人の方《かた》は人にいろいろ良い感じを与えたいと思う。そして衣裳を着飾《きかざ》ってみたり、上から化粧をしてみたりする人がありますけれども、いくら化粧をしましても、良き衣裳を着飾りましても、自分自身の全体から立騰《たちのぼ》る雰囲気、あるいはそこから波及してくるところの精神的波というものが、不完全な、清らかでない不潔な不快なものである限りにおいて、吾々《われわれ》は人に良き感じを与える事はできないのであります。ですから、吾々は自分自身の「心」をしてまず高貴なる音楽を奏《かな》でる「心」たらしめなければなりません。外からの飾りよりも、心の内から奏でる精神波動の音楽がよき音楽になったとき、吾々ははじめて本当に人に好感を与える事ができるのであります。

これを楽器で譬《たと》えてみますと、ピアノの塗《ぬり》をいくらよくしてピカピカ光らしてみましても、下手《へた》に音楽を弾いたら音楽家から聞くと何にもならないのであります。それと同じくいくら外面《そとづら》を着飾ってみましても、心の波が不調和な時にはどうしても心の奏でる精神波動の音楽が不快なものになりますから、人から「あの人は快《こころよ》い人だ」と受取《うけと》られないのであります。

快い人になるにはまず自分自身が快い人にならねばならないのであります。自分自身から快い気を放射する。すなわち不快な気持を起さないことが、自分から放散する念の波を浄《きよ》めて、自分自身を他から悪く思われないことにする秘訣であります。

不快な気持とはどんな気持であるかと申しますと、嫌悪《けんお》の感じとか腹立たしい感じとか、悲しい感じとか、嫉妬《しっと》の感じとか、すべて自分自身が不快に感じられる感じであります。自分自身が不快な感じを起していますと、その人に接する人が「あの人は不快な人だ」と感じます。人から思われる感じは結局自分自身が思っている感じであります。リップスはこのことを「感情の移入」と申しました。黒住《くろずみ》教祖は「立ち向う人の心は鏡なり」と申しました。みんな自分のことなのです。人から快く思われるためには自分自身が快き人にならねばならないのです。それだのにみなさんはどうですか。一日の中に何回かは人に対して嫌悪の感を抱いたり、人に対して腹を立てたり、眉をひそめたりするようなことはありませんか。そうする事によって誰を一番害しているかと言いますと、自分自身を一番害しているのであります。自分が腹を立て、人に対して嫌悪の感を抱き、人をそしり、人の悪を心に描き、眉《まゆ》をひそめた時に、誰が一番害を受けているかというと、自分自身が一番害を受けているのであります。それだけ、自己の心の波が不完全になり悪《あ》しき心の習慣傾向というものが増長し、自分の心が汚《よご》れ、人からもまたよく思われないという事になるのであります。そうすると損を受けるのは誰が損を受けたかというと、自分が損を受けたのであります。「あいつ、嫌いだ」と思って眉をひそめた場合に、相手が害を受けたかと申しますと、相手よりも自分が害を受けたのでありま す。ですからまず「自分自身に深切《しんせつ》であれ」と言うのがデモクラシーの中心道徳になるわけであって、自分自身でさえも愛する事ができないものが人を愛する事ができましょうか。すべての道徳はまず自分自身に出発するというのであります。

人は自分を本当に愛する事が、そうして自分に深切であるという事が、どんなに大切な事であるかという事が本当に分った時、はじめて他に本当に深切にして上げられるのであります。家を愛するとか、国を愛するとか言いましても、自己自身を家または国家と分《わか》ち難《がた》く一体であるとの感じがなければ、身を捨ててまで尽すということはできないのであります。そしてまた自分自身をみずからどうすることが愛することだか分らないような事では、他に深切をしてやろうと思っても、自分が深切のつもりでやっていることが果して害になるか益《えき》になっているか判らないのであります。そういうふうにすべての道徳の中心は自分にあるのであります。

六、心の波は運命や顔貌《がんぼう》を彫刻する

先刻も申しましたように吾々《われわれ》の心というものは一度思想の波動を起しますと、習慣性を持っているものでありまして、その習慣が継続いたします時には、人相までも変ってしまうのであります。戦後間もなく出た『展望』という雑誌の七月号に永井荷風《ながいかふう》の「問わずがたり」という小説が出ていましたが、心の習慣性(仏教ではこれを業という)がどんなに人間を引きずって罪を犯させるかということがあらわれています。親の心の習慣性が子孫の運命まで左右するのだということがわかります。吾々は子を愛すれば、また、次の時代の日本を愛すれば、自分の心の奏《かな》でる波調に無関心ではいられないわけでありますし。前章でもちょっと述べた話でありますが、ある名優が原田甲斐《かい》を演じておった時に、往来でその名優に遇《あ》うと人相が悪相に変じて今にも不幸がやってくるような相貌《そうぼう》をしておった。ところが大石内蔵之助《おおいしくらのすけ》をやっている時にはすっかりその悪相が消えてしまって円満寛容《えんまんかんよう》の人相があらわれていた。このように舞台で、ある時間その役割で念じたことが舞台上だけでなしに平常の生活時にまで継続しておったのであります。そういうふうに吾々《われわれ》の心は自分の肉体の上にその念を印象するのであります。それが毎日ずっと続いて日に何十回も人に対して嫌悪《けんお》の感を抱いたり、腹を立てたり、イライラしたりした時には、その精神的リズムがずっと習慣的に続いていて、自分の肉体にそういう形を印象して人相が悪くなるのであります。

たとえば、ここに皆さんの前に白い絹の反物《たんもの》があるとしますと、皆さんはそういう綺麗な反物を汚しても好《よ》いという気持は決して起らないでありましょう。ところがここに吾々の心の反物、汚れのない純白な神からいただいた心の反物がありましても、それを汚す事は平気でやっている方が多いのであります。神様からいただいた自分の心という尊い反物を皺《しわ》くちゃにしてみたり、手垢《てあか》をつけて見たり、丸めてみたりしながら、平気で当《あた》り前《まえ》でいるのは残念な事であります。「あいつ、けしからん」と思うならば、その「けしからん」のはあいつであるから「けしからぬその人」の心が勝手に皺が寄ったらいいのであります。そしてこちらが憎んだり腹立てたりして自分の心に皺をよせる必要はちっともないのであります。ですから、私はこういう人に毎度申すのであります。「自分というものを大切にしなさい」と。自分の心を汚したり皺をよせたりすると一番損であります。また何によらず一ぺん悪い癖の皺をよせるとなかなか直り悪《にく》いのです。反物でも一ぺん皺をよせるとなかなか皺を伸ばしても元のようには直らない。人間の心の性質でも、一ぺん皺をよせて一定の方向に癖をつけますとなかなか直りにくいのであります。

ですから皆さん、今日から自分を大切にいたしましょう。自分を大切にできないような事では道徳の中心が狂っているのですから、常に吾々は省《かえり》みてこれは自分を大切にしているか、自分に深切《しんせつ》にしているかという事を考えて見る事が大切です。腹が立ったときは「この憤《おこ》るのは自分に深切であるか」と考えて見るだけでも憤《いか》りの心は治まるものであります。そういうふうに吾々《われわれ》が日常生活に常に良い心の波を起すように努力を続けます時には、吾々の心には良い習慣――すなわち良い皺《しわ》がついて来ます。一定の良いリズムが心について来ますと、丁度《ちょうど》絞り染《ぞめ》の反物《たんもの》のように、また縮緬《ちりめん》のように今度は悪い皺がつきにくいのであります。それで縮緬や絞り染はちょっと皺くちゃにしても直《す》ぐ元のように治《なお》ってしまうのであります。ところが何もまだ皺のない反物は直ぐ皺がよる。そういう具合に心にも良い方向に習慣の皺をよせてしまいますと、なかなか他の悪い方向に皺がよらないのであります。人から良く思われたい者は、この心の皺を良い方面に癖をつけて置くことが必要であります。

七、虫の好かれる人となるには

お互いに人と人と対《む》い合《あ》った場合に、その人同士の心のリズムによって、心の音楽の奏《そう》し方《かた》によって、お互いに共鳴《きょうめい》する場合と共鳴せぬ場合とがあります。人と人と相会《あいかい》した場合に「どうもあの人は私好かない。どうもあの人から受ける感じが悪い。あの人の側《そば》に行くとムシズが走る」などと感ずるのは、お互いにそれは全人格から放散する心のリズムが調和していないからであります。

西洋のある人がダイシャニンという一種の液を発明しまして、それを硝子《ガラス》に塗りまして、そのガラスを透《すか》して人間を見る機械がありますが、その硝子を透して見ますと、人間の肉体でなしに幽体《ゆうたい》（複体）というものが見えるということであります。それは幽体そのものから発する光線は見えないけれども、その光線が硝子の液に衝突して一種の蛍光《けいこう》のようなものを放つ、それが見えるのだそうであります。私はまだ視《み》た事はありませんけれども、その機械で覗《のぞ》いて見ると人間の幽体（アスツラル・ボディ）が見えまして、その幽体の色が感情の変化に従って、種々の色彩を呈《てい》するというのであります。たとえば憤《いか》りの感じを持っていると、その人の肉体の外に影みたいな身体《からだ》があって、それが褐色《かっしょく》の色彩を呈している。恋愛の感情を起している場合には石竹色《せきちくいろ》（淡い赤色）をしているとかいろいろその原書には書いてありましたが、そういうふうに、人が心に起す感情に従ってその人の幽体《ゆうたい》の色彩が違うのであります。これは何を語るかと申しますと心に従ってその人から放散する雰囲気がちがうということです。人と人と相対《あいたい》して話をしている場合にダイシャニンの硝子《ガラス》で覗《のぞ》いて見ますと、お互いに好感を持った人と人とが話している場合には影と影とが親しく融合し合っているのですが、互いに憎しみ合っている相手と相手が話をしている場合には、肉体と肉体とが仲良く話していても、その幽体の影みたいな姿がお互いに相反撥《あいはんぱつ》して遠く離れているというのであります。石童丸の母親の故事も思《おも》い出《だ》されて、成程《なるほど》そういうこともあるに違いないと思われるのであります。

ですから、表面で隠していても雰囲気は隠すことができない。常に吾々《われわれ》はどんな人とも調和するように大調和の念波《ねんぱ》を起していない限り、誰からでも好かれるというふうな人格にはなれないのであります。人から好かれる人間になるためには吾々は、絶対に人を嫌悪《けんお》する様な感じ、憎む感じ、怒る感じというものから離れる事が必要であります。そういう感じを常に出しておりますと、吾々は憎まれている人から睨《にら》まれている場合を想像しますとよく判《わか》るのですが、睨んでいる人の視線の中には何となく不快な放射がある——あれと同じものを自分が常に出しているという事になりまして、せっかく向うから良い事を相談に来てくれたり自分の運命の拓《ひら》けるような相談に来てくれた場合にでも、その顔を見ると何となく嫌な感じが起って、助けてあげられなくなるのでありますす。ですから、自分を育ててくれる運命は自分から放射する心の波の中にあるということになります。

八、雰囲気が病気を治す

人の雰囲気はまた実に不思議な働きをするのでありまして、ある人が病人の病室に入って行くと、その人が行くだけで病気が治るという場合があります。クリスチャン・サイエンスや生長の家の信仰者の中には、すでに光明の雰囲気を放散する人がたくさんありますから、そういう体験をもった方もたくさんありましょうが、それは常に心に病気を描かず、病気の雰囲気をもっていない、病気というものは本来ないという強い信念を常に抱いているからであります。そういう人は光明の念波《ねんぱ》がその人の雰囲気に自然に漂うから、そういう人が入って行くと光明が入って来たようにたちまち病室が明るくなって、それだけでも病気がよくなるのであります。吾々《われわれ》の全人格の雰囲気というものは常に、最も頻繁《ひんぱん》に吾々が心に把持《はじ》しているところの心の状態をあらわしているのでありま す。その雰囲気が具象化して人相がつくられます。だからたいていの人は顔を見ると、これは学校の先生であるとか、これは商売人であるとか、これは職人であるとか、これは魚屋であるとかいう事が判《わか》るのであります。それは常に魚屋さんは魚屋さんの念波を起し、商売人は商売人の念波を起し、教育者は教育者の念波を起しているからでありま す。教育者の中でも小学校の先生はちょっと見れば小学校の先生だとわかる。大学の先生なら、どことなく大学の教授らしく見える。そういうふうに同じく先生でも念波の起し具合によって人相がいろいろに変るのでありますから、常に立派な人相になる心を起すように心掛けなければならないのであります。

九、清浄にして寛大なれ

ところで、心が浄《きよ》まってくるに従って吾々はどんな悪人でもそのまま受け入れるような広々とした人格になれるかと申しますと、必ずしもそうではない。上手な絵の先生が絵の欠点が判るように、清浄《せいじょう》な雰囲気を自分から出すような人は却《かえ》って不浄な雰囲気がはっきり判るのでありまして、それに対して非常に不快な感じが起るのでありま す。そこでこの清き人格高き人格を持っている人は時とすると非常に人を嫌う、そして孤峭《こしょう》な人格（周囲からかけはなれたその人のあり方）というものができ上るのであります。たとえばトルストイのような人は非常に大きい人類愛の観念を抱いていたのでありますが、すべての人類を愛せんと努力し、無抵抗主義を標榜《ひょうぼう》して、人類の父のように言われていた人でありながら、その家庭では自分の奥さんと調和しないで、挙句《あげく》の果《はて》に八十何歳かでひとりとぼとぼ家出をして漂泊し、ある一寒村の停車場でのたれ死《じに》をしたのであります。あれだけの高潔《こうけつ》な立派な大人格者がどうして家庭では、あんなに不調和であったかと言うと、これは彼の奥さんから出てくる雰囲気がどうしてもトルストイ自身の雰囲気と調和する事ができなかったのであろうと考えられるのであります。ここがなかなか難しいところでありま す。人間の表面の心のリズム、表面の雰囲気、すなわち皮相《ひそう》の、仮相《かそう》の心の波が不快である場合には、どうしてもそれとともにいるに堪《た》えられなかったのであろうと思われるのであります。往々理想主義者なる人はそういうふうな傾向がありまして、口には人類愛を唱えながらも、自分の身辺《しんぺん》にいる自分のたった一人の奥さんすらも愛する事ができないのです。これは人間の仮相を見て「実相」を見ることを知らず、表面の心の波に実相を見る眼を昧《くら》まされるのであります。

トルストイのいる時代に吾々《われわれ》の思想が出現していたならば、彼はどんなに喜んだだろうと思われます。たいていの人はトルストイのように目の前の人を愛する事ができないで、空想で目をつぶって全人類を考える時には本当に愛する気持が起って来て、何とかして全人類を救わなければならぬと思いますが、目の前の細君を見ると腹が立ってどうも愛する気になれないという事が多いのです。どうしてこうなるかと申しますと、心の放散する雰囲気から反感が起るのであります。さらに大聖者になるとその雰囲気を飛びこえて実相を見て、どんな相手でもどんな良人《おっと》でも、どんな妻でも、その実相を愛することができるようになるのであります。それにはこの肉眼に映ずる五官に顕《あらわ》れた良人や細君を見ないで、五官の目を閉じて「そんな悪いものはない」と否定してしまって、そうして実相の完全円満な姿を見て「みんな神の子である」と観じ、相手の実相のリズムを喚《よ》び起《おこ》すようにしなければならないのです。それはたとえば音楽を教えるのと同じであります。立派な音楽家が幼稚な下手《へた》な弟子に良き音楽を教える場合には、その下手さが分り過ぎてとても堪《た》えがたい苦しみを覚えるでありましょう。しかし、音楽の教師は弟子から良き音楽を弾くような実相を引出《ひきだ》す事が役目でありますから、その下手な弟子の悪い所を見ないようにして、実相を見るようにする。悪いところを聞かないで実相を聞き、賞《ほ》めてそれを引出すようにするのです。すると自然にその実相が引出されて来るのであります。

天才教育法も、人格教育法も同じ事で、実相を見て引出《ひきだ》すのであります。仮相《かそう》を見ていたならば、トルストイですらも争うほかに仕方がなくなるのであります。トルストイは、観念的に人類を愛して、現実の人間は奥様一人をすら愛することができなかったのであります。

十、空想的人類愛から現実愛へ

聖書の中に、近くの人に深切《しんせつ》にできないでどうして目に見えない神様を愛する事ができるかというキリストの言葉がありますが、それは民主主義の生活ではまず自分に深切であれ、その次に己の如く隣人に深切であれ、と言うのであります。隣人というのは近くの人という事であります。一番近くの人は誰であるかと申しますと、良人《おっと》であるとか、親であるとか、子供であるとか、妻であるとかいう人であります。こういう近くの人を愛する事ができなければ、人類愛と言ってもそれは嘘《うそ》である。トルストイみたいな愛は実は空想的隣人愛で、本当に隣人は家族といえども憎んだのであります。

ですから吾々は先ず自分を愛さなければならない。次に己《おのれ》の如《ごと》く隣人を、隣人の中で最も近しい家族を愛する事ができなければならないのです。ですから吾々は常に「和《わ》」の心、秩序と調和を愛する「斉《せい》」の心、人に深切をする「厚《こう》」の心、常に人の実相を見てそれを尊敬する「恭《きょう》」の心を起すようにしなければならないのであります。和、斉、厚、恭の四徳は婦徳《ふとく》のうちで最も大なるものでありますから、これを中心に吾々の心を磨いてゆかなければなりません。

第九章　レヴューの精神分析

一、神仏の種々の観方《みかた》

民主主義の生活は、個々の人間礼拝《らいはい》に始まる。それには人間は神の子であると知らねばなりません。しかし、神とは一体どういうものであるかという事が判《わか》らないで神の子と言いましても、何物の子であるか判らないのであります。名前だけ「カミ」とつけてありましても、あるいは丸いものであるか、三角のものであるか、四角のものであるか、あるいは薄っぺらな「紙」であるか判らなければ、神の子とは何であるかが判らないという事になるのです。だから「神」とは何ぞやということが判らないで神の子と言ったところが、それは唯名前《ただ》をつけただけです。もし「神」というものが薄いペラペラの紙であり、そして我々が「神の子」だったら、紙屑《かみくず》として紙屑籠《かご》に投げ入れられねばならないでしょう。ですから吾々《われわれ》は単に「神の子」だということが判るだけでは何にもならない。その神というものの本体はどんなものであるかという事によって「神の子」の値打《ねうち》に等差《とうさ》ができて来るのであります。今までの宗教を信じて居《お》られる方はすべて、何等かの形において「神」なるものを心に描き、心に想像して、礼拝しておられたのでありますが。真宗では「神」とは申しませんけれども、阿弥陀仏《あみだぶつ》という仏を礼拝するのでありますが、真宗の人でも阿弥陀仏を如何《いか》に考えて礼拝しているかと申しますと、それは単に真宗（浄土真宗）の門徒《もんと》だという名前によるのではないのであります。各々《それぞれ》の信者ひとりひとりの信仰の程度に随《したが》って随分《ずいぶん》本尊の阿弥陀仏をいろいろに考えていられるのであります。一口に阿弥陀仏と申しましても尽十方無礙光如来《じんじっぽうむげこうにょらい》として天地宇宙に満ちている無礙光《むげこう》である、遮《さえぎ》られるところのない光であるというふうに考えている人もあるかと思うと、臨終《りんじゅう》の一念によって十万億土の彼方《かなた》にある安養浄土《あんようじょうど》・極楽《ごくらく》世界に連れて行って下さるところの不可思議な神通力《じんつうりき》を持った人格的な仏さんだというふうに信じている人もあるのであります。そうかと思うと、現世に生きていて御飯がいただけるのも阿弥陀様のお蔭《かげ》だと考えていられる様《よう》な信者もあります。あるいは神とか仏とかいうと、拝《おが》み倒しさえすれば、どんな悪いことを片手でやっていても、御利益《ごりやく》を下さる調法《ちょうほう》なものであると考えている人もあります。

あるいはまた、神さまはお宮の中に、仏様はお寺の中に何時《いつ》も鎮《しずま》りますと考えている人もあります。中には、石ころを神様と考えている人もあり、あるいは御幣《ごへい》を神様であると考えて神様そのものと「御神体《ごしんたい》」という礼拝《らいはい》の時の対象になるアンテナとを混同してしまっている人もあります。あるいは「狐《きつね》」を神様だと思って狐の像を拵《こしら》えて拝んでいる人もあるし、「蛇《へび》」を神様だと思って白い蛇の像を拵《こしら》えて拝んでいる人もあります。神様と言い仏様だと言いましても人々の信仰は千差万別でありまして、そういう蛇を神様と思って拝んでいる人に対して「人間は神の子である」と申しましたら、それは「人間は蛇の子である」と言っている事になります。またそういう蛇を神様だと信じている人に「ここが神の国だ」と申しますと、「ここは蛇の国だ」と言っていることになり、神を信ずるということは一向ありがたい事ではなくなるのであります。

二、「神」とは何であるか

このように、人間は神の子であると申しましても、その神という言葉の内容如何《いかん》によってはありがたくもあればありがたくもないわけであります。「神」とは円満完全、光明無限、生命無限、智慧《ちえ》無限、愛無限、調和無限、供給無限、自由無限、一切幸福の源泉である、これが「神」であると申すのであります。まだまだ詳《くわ》しく言えば神様の御徳《おんとく》は言葉で数えることができぬほどにたくさんあるのでありますが、人間に関係のある神様の代表的御徳《おんとく》を挙《あ》げさせていただけば、まあ、これ位のものであります。このように私の考えでは「神」さまは一切幸福の源泉であり、完全円満、光明無限、生命無限、愛無限、調和無限、供給無限、自由無限であるのでありますが、一言《いちごん》にして言えば、完全円満とか、円満具足《ぐそく》とか申して、それで包容し得《う》るわけであります。

三、光明無限の意味

光明無限と申しましても、必ずしも目に見える物質的光線が無限だと言う訳ではないのであります。これはむしろ智慧《ちえ》の光であると考える方が適当であります。それは単なる物質的光ではないから、闇夜《やみよ》にも神の光は照《てら》していられるのであります。すべて悩みの暗黒さを消すところの無限の光を無量光とか無礙光《むげこう》とか申すのであります。神の光を単にエーテル波動の物質的の光であるというような考え違いをするから、夜には神様の光が照《てら》さないなどというまちがいをするのであります。神仏を光であるという考え方は仏教には昔からあるのでありまして、阿弥陀仏《あみだぶつ》は無礙光如来《むげこうにょらい》であるというように言われているのは、仏様は煩悩《ぼんのう》の暗《やみ》を照破《しょうは》する智慧の光であると信ぜられているからであります。

四、生命無限の意味

次に神さまの性質「生命無限」という方面から言いますと、仏教の方でも無量寿如《むりょうじゅにょ》来《らい》と申《もう》しまして、仏様は寿命が無量である。命が無限であると讃《たた》えられているのであります。法華経《ほけきょう》にも「自分は百千万億阿僧祇劫以前《まんのくあそうぎこういぜん》から悟《さとり》を開いている仏である」というようにお釈迦《しゃか》さんみずからが言っておられて、これも生命無限という事を言っていられるのであります。これをキリスト教で申しますと、キリストは「我れはアブラハムの生れぬ前から、天地創造以前からあるものだ」と「ヨハネ伝」に言っているのであります。これは生命無限を表したものであります。

五、愛無限の意味

仏教では「愛」という言葉をたいてい執着のような意味に使うのでありまして、あまり良い方面には使わないのであります。けれども涅槃経《ねはんぎょう》には「法愛《ほうあい》」という言葉がございまして、この「法」という字を「愛」の上につけて、それが真理の愛であることを表現しているのであります。大毘婆沙論《だいびばさろん》第二十九には「愛に二種あり、一に染汚愛《せんなあい》は謂《いわゆ》る貪《とん》なり。二に不染汚愛《ふせんなあい》は謂《いわゆ》る信なり、愛にして貪《とん》ならざるはすなわちこれ信なり」と書いてあります。すなわち貪《むさぼ》らない、私心《わたくしごころ》のない愛が法愛でありまして、キリスト教における「神は愛なり」と同じ意味の愛に使っておりますが、普通仏教で「愛」と言います場合には、愛着すなわち執着の方の愛で、迷いに属するものとして悪い意味に扱われているのであります。法愛は別の言葉でいえば大慈悲心《だいじひしん》と言うべきであります。大慈《だいじ》大悲《だいひ》の観世音菩薩《かんぜおんぼさつ》という言葉がありますが、その大慈悲心が法愛でありまして、仏教では仏様の慈悲は無限であると考えられているのであります。キリスト教では慈悲とは言わないが、愛と申すのでありますが、神様仏様に関する限り同じ意味であると見て差支《さしつか》えがないのであります。

さて、それでは愛とは何であるかと申しますと、自と他と本来一体であるという事の再認識であります。吾々《われわれ》は「自」と「他」と「我《われ》」と「彼」と相分《あいわか》れているように見えますけれども、本来一体なのであります。本来一体であることの再認識が「愛」なのであります。『生命《せいめい》の實相《じっそう》』の巻頭に「汝《なんじ》ら天地一切のものと和解せよ」と書いてあります。あの「和解」が愛であります。愛とは「和解する」すなわち互いに手を繋《つな》ぐ事であります。自他は本来一体でありますから、分れたように見えても本《もと》の姿になったならば、自然手を繋ぎ合うという事になるのです。時にはあるいは敵味方と分れ、時にはあるいは競争者と分れ、他人と分れ、異性と分れ、動物と人間と相分《あいわか》れたようになっておりますけれども、すべての生きとし生けるものは本来一つのものであると、その実相《ほんとうのすがた》を悟って手を繋ぐことが愛であります。

六、調和無限の意味

そういうふうにすべてのものが始めから一つのものであるという事が分りますと、そこに調和無限という事が出てくるのであります。だいたい不調和という事はどこから起るかと申しますと、各自が離れ離れになっていてすべてのものが本来一つのものであるという実相を忘れているから起ってくるのであります。

すべて生かすものは調和であります。調和のない所に生命はないのであります。生花を生けましても天地人《てんちじん》という三位《み》に枝の配置が分れているようですけれども、それが一つの智慧《ちえ》によって互いにぬきさしならないように統一せられ繋《つな》がっている。一人の作者の命によってバラバラの枝振《えだぶり》がぬきさしならないように統一され繋がっている。そこに天地人と分れながらも美しさがある所以《ゆえん》であります。天地人と分れて、それがバラバラに分れたままであるならば、吾々《われわれ》はそこに美を感ずる事ができないのであります。美とは要するにそこに生命が顕《あらわ》れていることであり、調和があるという事であります。調和の中に生命があり、美があるので、不調和であれば生命はなく美はないのであります。ですからすべてが一つであるという事が「美」の根元なのであります。美とは必ずしも色が赤いとか、紫であるとか、黄色であるとか、派手なとか、視覚を異常に刺戟《しげき》するとかいうのが美しいという訳ではないのであります。調和している事が美であって、調和しなければ、どんなにあでやかな色彩の刺戟でも美しく感じられないのであります。

七、美は色彩そのものにない

戦前、南洋のスラバヤ（インドネシアの都市）で副領事をしていられた方の奥さんが来て話されましたことですが、常夏《とこなつ》南洋の風光は実に色彩が濃厚絢爛《けんらん》な派手な相《すがた》をしているのです。空の蒼《あお》でも、花の赤でも、樹木の緑でも、とても内地では見られない、心乱れるばかりの色彩が充《み》ちている。その世界では裸体の色彩の濃厚な土人の身体《からだ》が却《かえ》って美しく感じられる。そういう世界に住んでいると日本人のようにけばけばしくない地味な服装をしていると、ちっとも似つかない。ですから、あちらに住んでいるとどうしても服装が派手になる。けばけばしい服装をしなければ美に感じられないので、いつの間にか派手好みになって内地へ帰って来たときにはよほど気をつけて地味な色彩を選ぶようにしなければ周囲と調和しない、という話をせられましたが、それは要するに、美とは調和という事から出てくる証拠であります。

まことに美とは調和のあることであり、調和さえあれば、それ自身では醜《みにく》いような茶褐色でも美しいのであります。たとえば、藁葺《わらぶき》の田舎家《いなかや》――近頃は藁葺の家も少いのでありますが――あの藁葺の腐れかかったような小屋、あれはそれ自身は非常に汚い、むさ苦しい存在でありますけれども、あれが全体の景色の中にぽつぽつ点在しているのを、こちらで眺めると、そこに無限の調和というものが見出《みいだ》されて、「ああ美しい景色だ」と讃嘆《さんたん》されるのであります。またこういうふうに冬枯《ふゆがれ》の落葉が寂《さ》びれた土の上に堆《うずたか》く積っている――それ自身観《み》ますればヤクザな美しくない落葉でありますけれども、これも静かに眺めます時には、それは他の周囲の情景と調和して「林間に紅葉《こうよう》を焚《た》いて酒を温《あたた》む」というような本当に美しい調和の美を見出す事ができるのであります。美しいという事は別に色が派手であるとか、けばけばしいとか、色そのものが美しいというのではないのであります。赤い色が美しいと言っても無暗《むやみ》に唇を真赤にされたのでは本当の美は感じられないのであります。美は調和によってのみ本当に得られるのです。公娼《こうしょう》（公認の売春婦）のない国ではどれが娼婦か区別ができぬので、普通の女でないことを色彩に現して嫖客《ひょうきゃく》を（遊女などと遊ぶ男性）引いているのであります。いずれにせよ、全体が調和しないところに本当の美しさというものはないのであります。

八、私の青年時代の思い出

私も青年時代には美しいものが好きでありました。皆さんもきっと美しいものがお好きに違いありませんが、私は少年時代から何時《いつ》も美しく生きるという事を考え、それを生活に実行してみようとしたのであります。何でもすべてが美しくないと生《い》き甲斐《がい》が感じられなかったのです。その当時には私は外国の耽美《たんび》主義の本を読んだり、快楽主義の本を読んだりしまして、美しく生きるという事は五色の酒を飲むことだと考えたこともあります。美しく生きるというのは美しい着物を着る事だと考えた事もありました。私の少年時代はまだ舞台照明などの発達していない時代でありましたが、私は自分の下宿の電燈にいろいろの色彩の紙や風呂敷を蔽《おお》って部屋全体を桃色にしてみたり、緑色にしたりして部屋の雰囲気の色彩化を企《くわだ》てたこともありました。またあるときは文学中毒に罹《かか》って、近松の戯曲にあるような美しい物語を実際の人生につくり出して美しくその人生の中で芝居をすることが、「美しき生活」であると考えた事もありました。そして、それを勇敢に周囲に反抗しながら実行しようとしたのが私でありました。人生を舞台として、その舞台の中で怪奇な物語を実演することが、「美しき生活」だと思っていたのです。私はそれを人生の装飾欲望とその当時名づけていました。何でも当り前のものでは美しさが感じられなかったのです。感覚に異常な刺戟《しげき》を与えるものだけが美しく感じられていたのです。

私はその頃モーパッサン（フランスの小説家）の『イーヴェット』という小説を読みました。それには月光の美を讃美しながら毒を仰いで死んで行く少女のことが書いてありましたが、そういう何か変ったことがないと美しく感じられないのは病的なのであります。五官にふれるところの美しさというものは、その感覚的刺戟が陳《ふる》くなって来るともう美に感じられなくなる。すると次へ次へと、何か新しい工夫をして、感覚を刺戟して美的快感を得ようとするのであります。

五官の美は、それが慣れて来ると美的牽引力《けんいんりょく》を失って来る。そして次へ次へと「新しい刺戟」を発見しているのが、興行物や文学の新しい流れというものなのです。そしてその流れに乗せられて行きますと「イーヴェット」の様《よう》に「死の讃美」というところまで行くのであります。人生に五官の新しい刺戟を追い追いして行きますと、最も強烈な刺戟は「死」よりほかにない。「死の直前のスリル」ほど強烈な刺戟はない。そこで私は毎日遺《ゆい》言《ごん》を書いて毎日自殺しようと考えていたこともありました。一ぺんこの境地を越えたものでないと感覚美の追求、五官美の追求が「空《くう》の空《くう》なるもの」握れば消えてしまう幻のようなものであることが分らないのです。谷口哲学の「肉体の否定」も「五官の快楽の否定」もみんな単なる理窟ではない、私の血の出るような体験から来ているのであります。

九、オスカー・ワイルドの耽美《たんび》生活

五官美の追求ぐらい若い人の心を魅惑《みわく》するものはありませんが、五官美の追求では、近代ではオスカー・ワイルドを以《もっ》て第一といたします。オスカー・ワイルドは十九世紀の英国の文豪で、日本でいうと谷崎潤一郎のような、唯美《ゆいび》主義の作品を書いた作家でありまして、非常にけばけばしい、そうして探偵的興味もある、美しい、と言っても、グロテスクな、怪奇と言いますか、凄艶《せいえん》と言いますか、妖美《ようび》と言いますか、そういうふうな美を作品に書いたのであります。私は近頃はそういうものにはすっかり飽きてしまいまして、一向感心しないのでありますが、一時は私の生活の聖書がオスカー・ワイルドの著作でありました。恐らく皆さんはレヴュー的なものを松竹の国際劇場や東宝劇場などへ観《み》においでになって一種の美をお感じになったとすれば、恐らくそんな怪奇な五官的美をお感じになったのではないかと思います。

実は私はたった一度東宝へグランド・レヴューを観に行きました。そしてああいうものの中に本当の美がないことを感じて、それきり愛想をつかして観に行かないのでありますす。というのは私はそこに本当の美しさというものを見出《みいだ》す事ができなかったのです。むろんそれは色の美しい衣裳や、美しく白粉《おしろい》を塗って、蠱惑《こわく》的に自分の身体《からだ》を飾って半裸体で出て来る少女の群がある。あのレヴューの美しさというものを、たった一回観ただけで、批評すると気の毒ですが、あれは嘘《うそ》の美しさであって本当の美しさではないという事を発見したのです。レヴューの男役は女でもなし男でもない、女の身体が男の服装の中へ這入《はい》っているところに一種の倒錯的な妖美とでもいう感じがあるのです。あれは正しい美しさではなく、病的刺戟《しげき》の美しさであります。

十、レヴューの美は何処にある

本当の美というものはあんなところにあるのではないのであります。あれは病的な露出症の発現であります。露出症というのは裸になって、見てほしいという性的錯倒の病的欲望の顕《あらわ》れであります。かつて日本人は婦人が素足で歩くことや、赤い蹴出《けだ》し（女性の腰巻）の間から歩くたびにチラホラ見える女性の白い脛《すね》でさえも慎しみがないと言って批難《ひなん》したものであります。ところが、感覚的刺戟《しげき》というものは、慣れると「美」に感じなくなるので、素足だけでは刺戟美が感じられないので、脛《すね》を露出し、膝《ひざ》まで露出し、次第次第にその上部まで露出してパンテージ・ショウ（米国のハリウッドから来日した一座の興行）のような裸の逆立《さかだち》になっても、もう刺戟美が感じられなくなるのであります。吾々はもう好《い》い加減、感覚の刺戟美の無価値を悟っても好《よ》いと思うのであります。感覚の快感は底無しの穴に物を塡《うず》め込んで充足を計るようなもので限りがないのであります。

裸の逆立でも官能を刺戟しなくなると、ターキーのように女が男になるようなことが、それが不自然なグロテスクなことであるが故《ゆえ》に、暫《しばら》く観客の好奇心を唆《そそ》って人気を博したことがあったが、それは男が女になる歌舞伎役者の女形《おやま》とはちがいます。歌舞伎役者の女形《おやま》は女になりきってしまうのですが、レビューの男役は、全然男になりきらないで、半陰陽の姿であってそこに魅力があるのです。あれは女性が男の装いの中に這入《はい》っているのであって、陰陽を逆にしているところに不自然な倒錯《とうさく》的美があるのです。観劇というものは、感情の移入と申しまして、観客が舞台の役者に自分の感情を移入して楽しむのです。だから役者が泣けば、観客が泣くのです。

レヴューの露出美を楽しんでいる観客は感情移入の観劇心理から行きますと、それを観《み》て喜んでいる人はすべて露出症であって、自分の露出したい欲望を、役者に投影して満足しているのです。それを知ってレヴューの観客を見ると、どんな美しいお嬢さんでもすべて露出症に私には見えるのです。まことにお気の毒で、「あの人も露出症か」と思うとお嬢さんたちの顔が気の毒で見ていられないのです。それは誠に変態性欲の世界です。自動車でレヴューの役者の楽屋へ駆けつけて行って役者の靴磨きをする良家の令嬢もあったということですが、これは、性的拝物狂《はいぶつきょう》という、変態性欲の世界であって、皆様はそんな所へ近寄ってはなりません。大体レヴューの役者が舞台で着ているような衣裳はそう新しいものではありません。もう八十年も前にオスカー・ワイルドは感覚美を追求したあげく、耽美《たんび》衣裳というものを着て歩いたそうであります。それは舞台だけであんな変った服装をして、人々の注目を引いて歩くのではないのであって、往来を耽美衣裳を着て、まるでひろめ屋（ちんどん屋）が歩くような変った服装をして、人々の注目を引いて歩いたのであります。これは露出症の顕《あらわ》れで「見て貰《もら》いたい」欲望の転化であります。

感覚刺戟《しげき》の強烈さを美だと考えている人間の美感は野蛮人《やばんじん》に逆行しているのであります。野蛮人には、黄とか赤とか、強力な色彩のものでないと美が感じられないのです。日本人の喜ぶサビの美などは野蛮人には判《わか》らないのです。日本人がサビの美を忘れてレヴューに憧憬《あこが》れているようなことでは誠に残念なことであります。あそこの美をもう一つ超えなければ本当の美の世界へ出る事ができないのです。オスカー・ワイルドも耽美《たんび》衣裳や、肉体のあらゆる刺戟的感覚美や、その時代には普通の人はやれないところの楽しみを嘗《な》めて嘗めてそのあげくの果《はて》に、とうとうある事件で法律にふれるような楽しみまでやり出しまして、そして監獄《かんごく》に行ったという事になっているのです。それから監獄の中で一人の友達の囚人が見すぼらしい瘦《や》せたよぼよぼした姿で、獄舎《ごくしゃ》の苦役《くえき》に大きな水桶《みずおけ》に水の一杯這入《はい》ったのを運ばされている——そのよぼよぼした辛《かろ》うじて歩こうとしている憐《あわ》れな姿を見た時に、「よし、私が代りに持ってやろう」という気持を起してその憐れな囚人の水桶を代りに運んでやった。

それを運んでやった時に、オスカー・ワイルドの心に、今まで生れてから味わったことのない本当に美しい嬉《うれ》しい感じが魂の奥底から湧き起って来たのです。今まで金で五官の快楽感を購《あがな》い、五官の世界のあらゆる美を征服して来たが、そんな時には味わうことができなかった勝利感をオスカー・ワイルドは味わったと言います。そうして自分はこの獄舎に這入るまでに人生の有《あ》りと凡《あら》ゆる美しい生活を送って来たが、その楽しい美しい生活といえども、この自分が見すぼらしい囚人に代って水桶を運んでやった愛の行為の美しさには及ばないという事をワイルドは知ったのであります。今、吾々《われわれ》からレヴュー的な物を礼讃《らいさん》している現代の新しい人たちを見ますと、ちょっとオスカー・ワイルド一歩手前という感じがするのであります。

十一、美は形の世界にはない

そういうふうに美というものは、感覚の世界、形の世界にあると思っている間はまだオスカー・ワイルド一歩前なのであります。本当の美しさは形の世界にはない。どんなに身窄《みすぼ》らしい服装をしている時にも本当の美はあるのです。イエスは自己を嘆《たん》じて「人の子は枕するところなし」と言われましたが、枕するところのないような貧しい生活の中にも「本当の美」はあるのです。転向以後のオスカー・ワイルドはイエス・キリストこそ世界最大の美的生活者だと評したのであります。このオスカー・ワイルドの『獄中記』に私が共鳴しておりました時が、私の二十一歳か二十二歳ぐらいの時でありまして、それ以来私はすっかり感覚のみの美しさというものに愛想《あいそ》をつかしてしまったのであります。そうして憐《あわ》れなものを愛するということこそ、本当に美しいものであるという事に気がついて、ずっと弱者の友として、虐《しいた》げられた人をこの世から救い出すことを自分の使命として来まして、ついにこの「生長の家」の一大光明真理を発見することになったのであります。

十二、反動時代の生活

吾々《われわれ》の光明真理の指すところは、当り前の生活、素直な生活であります。美を美とし、醜《しゅう》を醜とし、緑を緑と認め、花を紅《くれない》と認める生活であります。当り前が美しいのに男装のレヴュー・ガールが美しいと感じられる病的美(明《あきら》かに精神分析の結果は病的美である)を讃美する生活から転じて当り前の生活を讃美するようになる生活でありま す。ところが、今まで、極端に感覚美を追求したあげくの果《はて》はどうなるかと言いますと、その逆になって、虐《しいた》げられたものだけを愛する、あるいは弱いものだけを愛する、あるいは醜《みにく》いものだけを愛するというふうに偏《かたよ》りができて来て、権力ある者、強き者、美しい者を逆に憎むというふうになり易《やす》いのであります。私にもその時代がありました。しかしこの反動時代も超越しなければならないのであります。左翼的運動を起している人の中には、尊いものを尊いものとして素直に尊敬できない、何でも富者《ふうしゃ》は搾取者《さくしゅしゃ》だというふうな反動精神的な偏《かたよ》りがありがちで、これはまだ本物になっていないのであります。それを超越した時にはじめて釈迦《しゃか》のように、金持も愛するし、貧乏人も愛するし、健康者も愛する、皆平等一様不偏に愛する事が、できるようになるのであります。これが光明真理のそのままの生き方であります。

しかしその境地になるまでには、私も感覚美追求の反動時代を通過しまして、今度はあべこべに汚《きたな》い生活、身すぼらしい生活の礼讃《らいさん》時代というものがしばらく続いたのであります。その頃私は、一燈園《いっとうえん》の西田天香氏《にしだてんこうし》に触れ、聖フランシスの伝記に触れまして、大いに清貧礼讃《せいひんらいさん》の生活に共鳴《きょうめい》し、天香さんが黒い筒袖《つつそで》の身《み》すぼらしい服装をして、そうして合掌《がっしょう》して穏《おだや》かな顔をしておられる――その姿をこの上なく美しいものに感じたのであります。それは美しいと言っても、色を見て感覚的にはちっとも美しいものではない。しかしながら、そこに何とも言えない精神的な美が感じられてくるのを味わいました。この美しさというものは五官の中にはどこにもない。五官の感覚で分析してみたならば、それは一個の身すぼらしい乞食《こじき》の姿に過ぎませんけれども、そこに何とも言えない美しいものを見出《みいだ》す事ができるようになったとき、私はその美しさは何処《どこ》から来るかと考えたのであります。この間の消息は「仏教の新しき把握《はあく》」について思索をめぐらした頃の私の論文集『聖道《しょうどう》へ』に詳しく書いてありますが、かくの如《ごと》くして私には、五官というもの以外に本当に美しいものがあるという悟りが次第に開けて参りました。

五官を絶したところに本当の美があるということが段々判《わか》って参りますと、何も身窄《みそぼ》らしいものの中のみに限らず、五官的の美しきものの中にも、綺麗な姿の中にもやはり五官を絶した美しさがある。五官的に美しいものを排斥《はいせき》するというような反動精神もやはり五官に捉《とら》われている。五官的の醜美《しゅうび》にかかわらず、一様平等《いちようびょうどう》にすべてのものの背後に美しさがあるということが分って来たのです。それは私にとって一飛躍でありました。感覚の美しさでない。その奥に本当の美しいものがある。これが実相の美しさでありまして、五官の目でないところのまた別の心の眼が開けて来たわけであります。そうなりますと、素直に柳は緑、花は紅《くれない》と、そのままにすべてのものの美しさを、自己の病的な好悪《こうお》で選《え》り好《ごの》みなしに受取《うけと》ることができるようになったのであります。これを実相そのままの生活と申します。

十三、〝そのまま〟を肯定した生活

生命の実相そのままの生活はこういうふうにして私の生活体験によって発見された生活でありまして、すべての毛嫌いをみんな捨ててしまった生活であります。その代り貧乏でもできるし、金持《かねもち》でもできるのです。美というものは調和無限から来るのでありますから、本当の美しい生活、調和無限の生活というものは、そんなもの、こんなものと、いろいろ毛嫌いしていたのでは本当に調和無限、自由無限の生活はできないのであります。選択のあるところ、自分の「尺度」のあるところ必ず衝突が来るのであります。選択を絶して柳は緑、花は紅《くれない》となったとき大調和の生活は来るのです。今では私は貧《ひん》者《じゃ》にも、富者《ふうしゃ》にも、強者《きょうしゃ》にも、弱者《じゃくしゃ》にも、美しい着物をきている人にも、ボロボロの着物を着ている人にもそれぞれの美を感ずることができ、そこに美しさがそのままに在《あ》るという事が分って参りました。ただ一枚の身窄《みすぼ》らしい着物を着ていた青年時代の私の考え方では、自分がちょっとましな着物を着たならば自分は職工を搾取《さくしゅ》していると気がとがめた。そのころの工場生活者は一日二十五銭ぐらい貰《もら》って十二時間も働いていた、その女工の生活を思うと気の毒になって私はいつも身窄《みすぼ》らしいボロボロの着物を着なければ、その女工さんにすまないというような気がしていましたが、だんだん平等の真理が判ってまいりますと、こういう着物を買って着てあげることが女工さんを助けているという事に気がついて来たのです。

たとえば、その頃感じたことですが、女工さんが、日給二十五銭貰って十二時間働いてせっかく拵《こしら》えてくれたものを、これを使わないで黴《かび》を生《は》やしてそのまま腐らしてしまうよりも、ここにこうして着てあげる事が職工を拝《おが》む事になるという事が分って来たのです。この演壇に立っている時には、この着物を織ってくれた女工さんと一緒に立っている、この働きは、女工さんと一緒に働かせていただいているのと同じ事であると発見したのであります。ただ今までのような、金があるから勝手に買って着るのが何故《なぜ》悪いかという気持はなくなって、女工さんと一緒に働かせていただいている。ここに女工さんの生命の延長が来て、女工さんがやはり私と共に話をしていて下さるというような気持で感謝しながら、喜んで絹《きぬ》織物の着物を与えられれば着られるようになったのです。これが調和無限でありまして、女工さんは工場にも居《お》れば、ここに立って説教もしているのであります。女工の中に私がおり、私の中に女工がいる。そして一緒に働かせていただいているという事が分るのであります。かようにすべての生命の共通性というものが分りますと、今まで、女工さんにすまないと思って、着物を着ないようにし、そして着物の市価を暴落させて、女工の収入を却《かえ》って減じていたような不調和が消滅し、その代りに女工さんに要《い》る働きをお礼のためにこちらでする。そしてすべてが調和している、そのままで自由な無限供給循環のありがたい世界がそこに実現して来たのであります。

　話が大分脱線したようでありますが、しかし決して話は脱線したのではありません。神の叡智《えいち》が悟れてまいりますと、光明無限、愛無限、智慧《ちえ》無限、調和無限、従って供給無限の世界が展開して来るのであります。仏教では無碍《むげ》光如来《こうにょらい》、無量寿仏《むりょうじゅぶつ》、大慈大《だいじだい》悲《ひ》の観世音《かんぜおん》、というふうに、智慧と生命と愛と仏の三徳を称《たた》えたのでありますが、生長の家ではそれにもう一つ無限供給というのを加えているのであります。また他に調和無限とか自由無限とかいうのがありますけれども、智慧と愛と生命とが整えば自然に調和無限、自由無限になるのであります。生長の家でする精神統一法に神想観《しんそうかん》というのがある。その実修の時に「無限の智慧、無限の愛、無限の生命、無限の供給に満ちている大調和の世界……」と念じて統一状態に入るのでありますが、それはこのような意味でありまして、このままの世界が、ここが、実相の世界であって、無限の智慧が満ち、無限の生命が満ち、無限の愛が満ちているところの調和無限の世界だと、そのままの実相が解るように念ずるのであります。もっとも仏教には「無限供給」という言葉はありませんが、大無量寿経に書いてある極楽世界は欲するもの全てが自然に顕現《けんげん》する無限供給の世界であります。吾々《われわれ》は神の子であり、仏子《ぶっし》でありますから、その実相を悟れば、そのままで全ての事は整うのであります。現世利益《げんぜりやく》が好《よ》いとか悪いとか、いろいろ問題にする人がありますが、吾々はすでに物質無を悟った上で、神を知らしていただき、吾々の行くところに神の無限供給が展開してくるのですから、今さら現世利益を問題にしている人の方が「物質有《あ》り」に捉《とら》われているのであります。

第十章　家族全体を健康にする方法

一、夫婦の心の不調和から起った奥様の病気

広島の中等学校の先生で加藤舜太郎《しゅんたろう》と言われる先生がございました。前々からいろいろ修養《しゅうよう》に志しておられまして、修養団やら一燈園やら種々方々の修養法を経《へ》めぐられた方であります。

この方の奥さまが「バセドー氏病」という病気に前からお罹《かか》りになっておったのであります。「バセドー氏病」というと、ちょっと名前が難しいですけれども、甲状腺の病気で、この首の辺《あたり》に腺《せん》がある、それを甲状腺という、その甲状腺が腫《は》れる病気でありまして、その内《ない》分泌液が殖《ふ》えて来ますと眼球が飛出《とびだ》して来る。腺が腫れるに従って首が腫れて見苦しくなり、心臓の動悸《どうき》が早くなって、普通平静にしている時でも百三十とか

百四十とか脈搏《みゃくはく》がするというふうな状態の病気であります。その奥さまはそういうふうな厄介な病気になっておられまして、いろいろと医療をお尽しになったけれども、医療では治《なお》らなかったのであります。むろん近頃では外科的手術で頸《くび》を切って甲状腺が大きくなっただけそれだけ、その腺を切取《きりと》れば内分泌の分泌量が調節されて治るというような手術がありますけれども、そういうふうな頸《くび》を切る手術をするのもあまりに恐ろしいというふうな気持で手術をしなかったのであります。

ところが、当時広島は御存知の「ひとのみち教団」の盛んなところでありまして、ひとのみち教団の支部がありましたので、知合《しりあい》の人から、「あんた、ひとのみち教団へ行ってごらんなさい。必ず治るから」こういう具合に知らされましたので、その加藤舜太郎さんの奥さまは、「ひとのみち教団」へ出掛けてお出《い》でになったのであります。「ひとのみち教団」へお出《い》でになって入教《にゅうきょう》の手続をせられまして、それから御神宣《ごしんせん》をお受けになったのであります。「この病気は、どういうふうな心で起るか」ということを御神《ごしん》託《たく》によって教えて貰《もら》うのを、ひとのみち教団では「御神宣」と言っていたのですが——

その御神宣をお貰いになりまして、それを開いてごらんになりましたところが、それには自分の心の欠点によく的中することが書いてある。成程《なるほど》自分の心持《こころもち》にぴったり当ることが書いてあるというので感心されたのであります。

御主人が学校からお帰りになると、「おい、お前ひとのみち教団へ行ったそうだが、どんな御神宣を貰った？」「いや、この御神宣は他者《ひと》に見せたらいけないのです。他者《ひと》に見せたら効《き》かなくなるということですから、なんぼ良人でも、あんたにも言うわけにゆきません。しかしこの御神宣は何しろ私の心によくぴったり当っております。さすがに神様はえらいものであります」と言うのであります。

ですから、その御神宣には何と書いてあったか私は知りません。夫の方も知らない、本人だけが知っている。御存じの通り「ひとのみち教団」の言うところによりますと、人間の病気というものは神様から御注意を戴《いただ》く、その御注意を「神示《しんじ》」と言う。その神示のために病気が起って来るのである。お前の心持はこういうふうな心持をしているから、それでこういうふうに病気になるのだということを御神宣によって教えて貰って、そのわるい心持、病気の起るような心の持ち方を治せば病気も治《なお》る、その心持を二十パーセント治せば二十パーセント病気が治る、百パーセントその心持を治したら百パーセント病気が治るというように説くのだそうであります。

二、夫婦一緒にやって来い

そこで、その奥さんは一所懸命《いっしょけんめい》にその御神宣《ごしんせん》に書いてある心の持ち方になろうと思って努力なさいました。ところがなかなか治らないのであります。もっとも奥さんが最初「ひとのみち教団」へ参りまして早速に、「バセドー氏病の治る御神宣が欲しい」と言われましたら、「あんたバセドー氏病みたいな重い神示は、早速とその御神宣を貰《もら》って上げても、その御神宣にある通りなかなか実行できないから、もっと軽い病気から治してくれと言いなさい。」こう支部の先生から言われたそうでありまして、そのときにはバセドー氏病全体が治るというようにはお願いすることができなかった。それで、奥さんは「それじゃまあ首が腫《は》れているのを治すような御神宣を戴《いただ》きたい」と言うので、貰った御神宣が今申しましたような具合であったのです。そこで奥様はこの御神宣はよく私の心に的中しているというので、毎日一所懸命に実行なさいました。が病気の方はなかなか治らないのであります。治らないために、またひとのみち教団の支部へお出《い》でになって「先生どうも治りません」とおっしゃって「お導き」をお受けになった。「お導き」というのは治らない時には御神宣の意味を取違《とりちが》いしていることがあるかも知れぬというので、その解釈のしようや、実行の仕方についてお導きを先生から受けるのだそうであります。そこで支部の先生が「あんたそれは夫婦揃うてひとのみち教に入らないからそれで治らないのだ。夫婦揃《そろ》うて『ひとのみち』に入教なさったら治るのだから、今度来るときには夫の方を一緒に連れていらっしゃい」というお導きであったのだそうであります。そこで、その奥さんが自宅にお帰りになって、夫が中等学校からお帰りになりましたときに、その夫に対して「あんた、ひとのみち教《きょう》へ入って下さい」と、お頼みになりました。そこで良人《おっと》は「どうしてそんなことを言う」「実はいくら御神宣を実行しても病気が治《なお》らないので、今日は『ひとのみち』の支部へ行って支部の先生にお導きを戴いたら、夫婦揃うて同じ信仰に入らないから、治らないのだと言われましたから、どうぞ明日から一緒に『ひとのみち』へ入教して下さい」とこう言われるのであります。

ところが、良人《おっと》の加藤舜太郎《しゅんたろう》さんは、今申しましたように中等学校の先生でもあり、深い宗教的素養のある方で、これまで修養団とか一燈園とか方々の修養団体を経廻《へめぐ》って来られました人であり、また生長の家の書物もほとんどすっかり読んでいる人なのでありまして、そして今までにも「生長の家の本をお前読め。読んだらお前の病気は治るのだ」こう言っておられましたけれども、なかなか奥様がお読みにならなかったのだそうであります。

三、そんな教えは皆知っている

その奥様がそう言われるので、加藤舜太郎さんは「私も『ひとのみち教団』へお前が入れと言うなら入らぬこともない。入らぬこともないけれども、善い教えか悪い教えかわからぬものに入ることはできないから、『ひとのみち』から出している書物があるだろうから、それを皆《みん》な買い求めて私のところへ持って来い。それを読んで私が感心したら入るから」というような御挨拶であったのであります。やがて奥様が『ひとのみち』の本を買い求めて主人にお渡しになると、主人は読んでごらんになって言われるには「こんな本に書いてあることは皆な知っている。もっと私は深いことを知っているから、私はこんなところへ入って修養する必要はないから入教せぬ。しかし生長の家でも人の道でも言う通り、どうせ病気は自分の心の持ち方がわるいから起るのだから、お前はお前で『人の道』の御神宣《ごしんせん》の通りに心の持方を正しくして治したらいいじゃないか」こういうようにおっしゃったのです。

そこで奥さまは困ってしまった。いくら自分が御神宣通りに、一所懸命《いっしょけんめい》実行しても、御主人が一緒に随《つ》いて来てくれない。そうして「ひとのみち」の支部の先生は「一緒にやって来なければ治らぬ」こう言われるので板挟《いたばさ》みになってしまったのです。それでしばらく「ひとのみち」支部へ通っておられましたけれども、夫婦揃《そろ》うて行かなければ治らぬと言われるのですから、仕方がないのでだんだんと足が遠のいて来たのであります。

四、妻が良人に随《つ》いて来た

ところがある日のこと、その奥さまが、生長の家のパンフレットをふと偶然夫の机の上で見つけ出されました。それは『無限生命の泉』という僅《わず》か五銭の生長の家のパンフレットでありました。奥さんはその日どういうものか、そのパンフレットを披《ひら》いてごらんになって、ちょうど三分の二くらいお読みになったそうであります。それは『生命《せいめい》の實相《じっそう》』の一部分だけを六十四ページの文庫本型の小さなパンフレットにしたものですが、それを三分の二くらいお読みになったときに気がついてみると、今までの病気が突然消えてしまった。良人《おっと》の方から承った通りの受売《うけう》りですから詳しいことは知りませんが、何でも今まで心臓が普段でも百三十から打っておったのに、その鼓動が当り前になり、眼球が強度の近眼みたいに飛出しておったのが引込んでしまい、頚部《けいぶ》の甲状腺の腫《は》れているのも治《なお》ってしまったのであります。そこへ御主人が中等学校から帰って来られまして、そうして奥さまの顔を見るとすっかり人相が変っている。今まで眼球が飛び出して、ぎらぎら光るとても物凄《ものすご》い目玉をしておられたのが非常に可愛い目つきの奥さまになっておられるわけです。それで、「お前一体どうした。お前の病気は治っているじゃないか。人相がスッカリ変っている」と問いかけますと、「実は私はあんたの留守の間にあんたの机の上にあった本を一冊の三分の二読みました。そしたら急に私の病気がすっかり消えてしまいました」とこういう返事なんです。むろん、頚部の甲状腺の腫《は》れも心臓の動悸《どうき》の激しさも忽然《こつぜん》消滅したのであります。

五、キリシタン・バテレンの法の原理解説

こんな話をしますと、何だか神秘めかしいようで、キリシタン・バテレンの法みたい

なとも思われますし、あるいはパンフレットという御守《おまもり》さんみたいな五銭の薄ッペラな本が病気を治《なお》したようにお考えになるかも知れないけれども、決して紙を綴《つづ》った本が治したり印刷が治したりするのではないのです。本当はその奥さまの心持《こころもち》が変ったのでございます。どういうふうに奥さまの心が変ったかと申しますと、『生命《せいめい》の實相《じっそう》』という聖典がございますが、この『生命の實相』第一巻の巻頭にどう書いてあるかといいますと、第一ページに「汝《なんじ》ら天地一切のものと和解せよ」とこう書いてある。そして「天地一切のものと和解せよ」というのはどういう意味であるかと言うと、

「本当の和解は互いに怺《こら》え合ったり、我慢し合ったりするのでは得られぬ。怺《こら》えたり我慢しているのでは心の奥底で和解していぬ。感謝し合ったとき本当の和解が成立する。神に感謝しても天地万物に感謝せぬものは天地万物と和解が成立せぬ。天地万物との和解が成立せねば、神は助けとうても、争いの念波《ねんぱ》は神の救《すくい》の念波を能《よ》う受けぬ。皇恩《こうおん》に感謝せよ。汝《なんじ》の父母《ちちはは》に感謝せよ。汝の夫または妻に感謝せよ。汝の子に感謝せよ。汝の召使《めしつかい》に感謝せよ。一切の人々に感謝せよ。天地の万　物《すべてのもの》に感謝せよ。

その感謝の念の中にこそ汝はわが姿を見、わが救《すくい》を受けるであろう。われは全ての総《すべ》てであるからすべてと和解したものの中にのみわれはいる。」

こういうふうに『生命の實相』の巻頭に書いてあるのであります。つまりこの「天地一切と和解する」ということが生長の家の根本義になっている。みんなと仲良くするということであります。

ところが「ひとのみち」では、この奥様がお出《い》でになりましても病気が治《なお》らなかったのはどういうわけであるかと言うと——必ずしも人の道の教えがわるいというのではないのです。その奥様の心が夫と和解していなかったから自分のバセドー氏病が治らなかったのです。「あんたも、私と一緒にひとのみち教へ入教《にゅうきょう》してくれたら治るのに……」こう思って、夫に対してうらみがましい、腹立たしい気持を持っておられたのです。ところが御主人の方はどうかと言うと「お前こそ生長の家の聖典『生命の實相』を読んだら治るんじゃないか、ひとのみちなんか行ったって治るものか」こういうふうな気持を持っていて、両方で喧嘩《けんか》しておられたのです。心の中に争いがあっては、いくら「ひとのみち教団」に行ったとて治らないのです。「ひとのみち教団」でもやはり、病気は心のまちがいから出ているのであると説く。それを神様が「お前は心の持ち方が悪いから、病気にしてやるぞ」とお示しになるのが病気である、こういう具合に説いております。「生長の家」では別に神様が罰《ばち》当てるとか、病気にしてお示しするんだとは言いません。そういうふうに神様を罰当てるような残酷なやり方をなさる者だとは申しません。その代りこう申します。「三界《さんがい》は唯心《ゆいしん》の所現《しょげん》であって、肉体は本来無いものであって心の投影が出ているのである。自分の心が争うような心、不平不満の心、はげしい心、そういうものを持っておったらそれ相応の心が出て来る」こんな甲状腺が腫《は》れて来るというのは、要するに自分の心が腫れるような心を持っておったのです。夫に対して不平不満足なそういうふうな心持をきっとお持ちになっていたに違いないと思うのであります。もし「ひとのみち教団」の教祖が御神宣《ごしんせん》を書かれたとしましたならば、もしその教祖が本当に偉い教祖でありましたならば、きっとこの場合には「夫婦仲良くせよ」というふうな意味の御神宣を書いておられたであろうと思うのです。あるいは「ぶつぶつ膨《ふく》れません」とか何とかいうふうなことを、その御神宣の中に書いておられたに違いないのです。

ところがその「ぶつぶつした心を起しません」と、こういう具合に御神宣に書いてあっても、それを実行しようと思っても、むらむらとぶつぶつと膨《ふく》れる心、不平不満足の心が起って来るのを吾々《われわれ》は如何《いか》にせんやであります。そこが難しいのです。「ひとのみち」は宗教であるか修養であるかは知りませんけれども、ともかく心の中からむらむらと湧き出て来る不平不満足、この心根《こころね》を一所懸命《いっしょけんめい》、生命《いのち》がけの努力で抑えて行くのは宗教というよりも自力の修養であります。今先に引用さして戴《いただ》きました通り「本当の和解は互いに怺《こら》え合ったり、我慢し合ったりするのでは得られぬ」と書いてある。それで夫に対して不平不満足であって、「その不平不満足がわるいのですよ」と言ってせっかく「ひとのみち」の先生から教えて戴いても、「わるいから抑えよう、怺《こら》えよう、抑えよう」と、その怺《こら》えたり抑えたりしている限りにおいては自力の修養で、本当の和解は得られぬわけなのであります。そこに「ひとのみち」の当時の御神宣がいくら正しくても、この奥さまの病気の治らなかった原因があるのであります。

ところがこの奥様がその薄ッペラな『生命《せいめい》の實相《じっそう》』の分冊を三分の二ほどお読みになった時に、忽然《こつねん》としてのその心境が開けたのです。心が開けて「ここに眼の前にこんな立派なものがあり、それを夫が勧めて下さったのに、それを排斥《はいせき》してよそへ行けばよいものがあるかと思って、よそに救いを求めていた。ああ私は今まで夫に対して反抗の心を持っておった。申訳《もうしわけ》なかった」という懺悔《ざんげ》の気持になられたのであります。今まで本を読んで病気が治《なお》るなどと言われても、そんな馬鹿なことがあるものかと思って、反抗の心をもって、最初は夫が生長の家を勧めてくれたに拘《かかわ》らず、自分は「ひとのみち」の方へ行っておったのは、明かに夫と和解していないという事にお気がつきになったのであります。そうすると忽然として、医学界では外科手術よりほかに治す道はないと言われているところのバセドー氏病が治ってしまったのであります。この頸《くび》のところにあるバセドー氏腺―甲状腺―から出る内分泌が吾々の感情の昂奮《こうふん》によって非常に影響されるものであるということは医者も言っているのであります。妻が夫に対して激しい嫉妬心を持続したり、夫婦喧嘩をしたような後に、突然または徐々に頸部《けいぶ》が脹《ふく》れ出して来て、バセドー氏病を引起《ひきおこ》すということはしばしばあるのであります。

六、心の持ち方が肉体に現れるのは神罰に非《あら》ず

激しい嫉妬心《しっとしん》を起したり夫婦争いをしたならば、どういうわけでそういう病気が起るかと申しますと、生長の家では「神様がお示しして下さるのだ」と説かないのでありま す。また神が人間を不完全に造って置いてその心の持ち方が悪いからとて神罰を当てたり殺してしまったり、そんな残酷な処置をするような神様であるとは生長の家では言わないのであります。では心の持方が肉体に現れて来るこのような事実を「生長の家」でどう見るかと申しますと、要するに、この世は幻のような世界である、本来空《くう》であって、心の相《すがた》が形に現れている世界である、この五官で見えるのは現象世界、すなわちアラワレの世界である、肉体もその中の一部でありまして、自分の念の相《すがた》が自分の心から放送される念波《ねんぱ》の相《すがた》が、いわばラジオの波動みたいなものが、五蘊《ごうん》という一種のテレビ

ジョン装置に掛《かか》って、こういうふうな肉体の相《すがた》を現していると、こういうように説くのであります。ですから、自分の心から放射するところの念波、自分の心から放送するところの念の響《ひびき》というものが変ってしまったならば、テレビジョンに映ずるところのこの肉体の相《すがた》というものも変ってしまうのであります。だから肉体というものは、こんな確《かっ》乎《こ》とした姿に見えているけれどもそうではない、ただ五蘊《ごうん》との相対関係上そう見えているのであります。「生長の家」では肉体は本来無いと言うのはそういう意味であります。ラジオの装置にアナウンサーが喋《しゃべ》っているようなものである。ここにラジオの装置があって、ここでアナウンサーの声が聞《きこ》えておりましても、ここにはアナウンサーはおらないのです。

もしこれがテレビジョン・セットであれば、アナウンサーの顔がここに見えるのでありります。形に見え、動くに従ってその話すところの言葉が聞《きこ》えようとも、アナウンサーは必ずしもここにいないのであって、それは放送された波が一つのラジオ・セットという「縁」に触れて、そこに形を現し声を出しているに過ぎない。吾々《われわれ》の肉体というものもここにあるように見えておるが、テレビジョン装置に見える一種のラジオ波のようなものであって、ここに確乎《かっこ》としてあるような相《すがた》を現しているけれども、本当は心の波で、心の波がある縁に触れて、そうしてこういうふうな相《すがた》を現しているに過ぎないのです。ですから、放送するところの心の波を変えてしまった時には、たちまちにして自分の病気というものが治《なお》ってしまう。あるいは運命も変ってしまうのであります。そういうふうな原理で病気が治り幸福が来るというようなことが起るので、神様がいちいちの行為や心に対して審判を下して懲罰《ちょうばつ》せられるのではないのであります。

ところが「ひとのみち教団」において、この奥様に対して「夫婦一緒にやって来い」と言ったところは、さすがに「ひとのみち」の善《よ》いところであります。夫婦一緒にやって来るほどに夫婦が調和していたなら、この奥様の病気は「ひとのみち」でだって治ったに違いないのです。ところが、「ひとのみち」へは夫の方が随《つ》いて行かなかった。そこで奥さまの方が、『生命《せいめい》の實相《じっそう》』の分冊を読んで、「なるほど今までの私の心の持方《もちかた》がまちがっていた」というので、奥さまの方が随いて来たのであります。こうして夫婦の心が調和したから治《なお》った。換言すればその家庭に調和の精神波動《バイブレーション》、大調和の心的ラジオ波が起ったのであります。そのために縁に触れて現れているところの肉体の相《かたち》がたちまち変って来てバセドー氏病が治ったのであります。

仏教でも、御承知の通り維摩経《ゆいまきょう》には「是《こ》の身《み》は幻《まぼろし》の如《ごと》く顚倒《てんどう》より起《おこ》る」とあり、般《はん》若経《にゃきょう》には「色即是空《しきそくぜくう》」とあり、結局「肉体本来無《なし》」ということを説いているのであります。肉体は因縁が仮りに和合してできたところの仮りの存在であって本当のものでないという事を仏教で説いているのです。「生長の家」の説くところは何も仏教と違わない、あるいはキリスト教とも違わない、恐らく神示《しんじ》とか神罰《しんばつ》とか、わが教祖のみが神示を知るとか、恐怖をそそったり我田引水《がでんいんすい》の点を除いては、その他の宗教とも異《ちが》わないはずであります。

七、人類無罪宣言

キリスト教の教祖であるイエスはどういうふうに説いたかと言うと「汝《なんじ》の罪赦《つみゆる》されたり、起《た》ちて歩《あゆ》め」こう言われた。「汝《なんじ》の罪赦《つみゆる》されたり、起《た》ちて歩め」とこう言われたら、ちゃんと中風《ちゅうぶう》の様《よう》な病気が治《なお》って起《た》って歩いたと聖書に書いてあります。またその他のいろいろの病気を治しておられますが、聖書に記録されているその治病の奇蹟《きせき》を拝見いたしますと、罪が病気の因《もと》である、罪の観念が因《たね》になって病気というものが現れているのである——こういうイエスの病気観というものが窺《うかが》われるのであります。だから、「お前の病気治れ」と言われたのではないのであって、「汝の罪赦されたり、起《た》ちて歩め」こう言われたのであります。そうするとイエスの確信に満ちた言葉の力によって、病人の心の中にあって内部から自己処罰の形で病気を起《おこ》していたところの罪の悩みがスカッと消えてしまったのです。スカッと罪の悩みが消えてしまうと同時に、その人の病気が治ってしまった。かくの如《ごと》くキリストが病気を治したのは罪の観念を取去《とりさ》ることによってである。それは人類無罪宣言である。無罪宣言と申しましても、法律上の罪のことではありません。宗教上、道徳上の良心の審判に関係した罪を言うのであります。生長の家でも、イエスの病気と同じく、病気というものは罪の所現である、こういう具合に説くのであります。

八、罪とは何であるか

罪とは何であるかと言うと、実相を包み隠すものを「包み」すなわちツミであるというのであります。実相と言うと「モノ」の本当の相《すがた》のことであります。ここに『生命《せいめい》の實相《じっそう》』という事がありますが、これは生命の本当の相《すがた》であるとしますと、これを覆い隠しているところの風呂敷みたいなものが、「罪」である。罪の語源を調べてみますと、「罪」というものは「包《つつみ》」ということ、あるいは「積む」ということであります。「ツ」という音韻《おんいん》そのものに、一つのものに別のものが重なり合う、積み重なる意味を持っているので、重なり合う、積み上げる、続く、繋《つな》がる、皆「ツ」という音韻を持っているので、一つの物の上に外のものが重なることを意味するのが「ツ」という言葉であります。そこで、この「罪」というのは何であるかと言うと、本来の生命がある、その生命の実相《ほんとのすがた》の上へ他のものが積み重なっている。風呂敷包《つつみ》みたいに包んでいる。「包」も、「積《つみ》」も、「罪」も同じ語源なのです。その「包《つつみ》」の現れが病気である、病気というものは吾々の生命の実相《ほんもの》が病んでいるのではなくして、生命の実相《ほんもの》の表面にある迷いの雲が病んでいるのであります。

このように「罪」とは何であるかと言うと、吾々の実相《ほんもの》でないものである。吾々の実相《ほんもの》は「神の子」であり、「仏《ほとけ》の子」であり、本来清浄《しょうじょう》円満完全なるところのものであります。本来完全であり、本来円満であり、本来清浄であるところの自分の実相《じっそう》を悟らずして、実相《じっそう》と異《ちが》う念波《ねんぱ》を出して、その念波が周囲に蜃気楼《しんきろう》のように、水晶球の表面にたまった水蒸気の凝結《ぎょうけつ》のように、表面に包んでいるところのものが、すなわち「罪」であります。

しかし、この「罪」というものは、本来あるかと言うと、ないのです。本来、罪というものはあるように見えてもない、これが生長の家の説くところであります。今までの多くの宗教では、「罪」というものを以《もっ》て人を威嚇《いかく》したのです。「お前はこういう罪があるから本山へたくさんお金を納めなければ赦《ゆる》されないぞ、病気になるぞ、お前一人だけでない、家族もなるぞ」こういう具合に威嚇《いかく》した場合が多いのであります。あるいは現《げん》世《ぜ》のことを言わない場合には「お前は罪が深いから本山へしっかり持って行かなければ極楽の特等席へはやってやるわけに行かぬぞ」布教の方便も混《まじ》ってはいましょうが、そういうふうな説き方をする宗団が多かったのであります。

九、世界唯一明朗宗教の出現

ところが生長の家では「罪というものはあるように見えても、そんなものは無いのであるから安心せよ」と、こう言うのです。ここに「罪」の威嚇《いかく》のない、「罪」の悩みのない、世界唯一の明朗宗教が出現したのであります。「罪」が存在しないという根拠はどこにあるかと言うと、この世界のすべてのものは神に造られたのである、神は絶対である、対立を許さない。神は絶対であって神のみ在《いま》す世界である。そうして、神は完全である、神は完全でありますから、完全なる神が絶対に包んでおられるところのこの世界、全宇宙においては罪などという不完全なものが有《あ》りようがないのです。犯されたる罪もなければ、報《むく》いらるべき罰《ばつ》もないのです。これが生長の家の根本観念でありますが、これが本当にわかった時に、キリストが「汝《なんじ》の罪赦《つみゆる》されたり、起《た》ちて歩《あゆ》め」こう言われて、病人が即座に起《た》ったような現象が起るのであります。

今《いま》まで吾々《われわれ》は「罪《つみ》がある、罪がある」と、道徳的にも宗教的にも方々から威嚇《いかく》されて戦々兢々《せんせんきょうきょう》としておったのです。常に神の審判《さばき》に恐れ戦《おのの》いて、その戦々兢々とした恐怖の心の現れが人類の病気の大いなる因《いん》であったのです。こう申しますと、「私は無信仰であるから、そんなに宗教に脅迫《きょうはく》された覚えはないのに病気になった」こう反駁《はんばく》なさる人があるかも知れない。けれども、吾々人類が罪という観念によって威嚇《いかく》されていることは実に恐ろしいものなのです。多くの宗教家が、街頭に立って、あるいは演壇に立って何を言っているかというと「罪悪深重《じんじゅう》の凡夫《ぼんぷ》よ」と言っている。あるいは「汝ら罪人《つみびと》よ、ゲヘナの火を恐れよ」などと言っている。しかしそういう説教をまだ聞かぬ人もありますけれども吾々《われわれ》は先祖代々からそういうふうな事をずっと聞かされて来たのであって、祖先からズッと罪の意識が潜在意識に伝わり伝わりして来たのであって、誰の胸底《きょうてい》にも「罪がある」という大きな自覚があるのであります。そのために、徳高き人格高き聖者は自分自身の肉体を苦しめることや、物質的に窮乏《きゅうぼう》させることを以《もっ》て自分を浄《きよ》める方法であると信じている場合が多いのであります。

ですから、生れつき宗教的な高徳な方は今までたいてい苦行《くぎょう》をした、断食《だんじき》をした、あるいは水行《すいぎょう》をした。あるいは貧乏にならぬと神様に喜ばれないのであると思って素《す》寒貧《かんぴん》になった。素寒貧《すかんぴん》になって肉体に不自由せしむることが神様に喜ばれることである。こういう具合に思ってそれをできるだけ実行すべく努めて来られた。そこが又宗教家のつけ込みどころで「お前達金を持っておったら神様から喜ばれないから、それを本山へ出せ」なんていうような狡《ずる》い宗教家が出て来たのであります。ところが金というものがそんなに穢《きたな》いものなら、本山へ持って行ったら本山が穢《きたな》くなってしまう。それではせっかく衆生《しゅじょう》を教化《きょうげ》するところの本山が穢《けが》れてしまうから、そんな金は受取《うけと》れないのであってこそ清い本山なのです。金というものは何もそんな穢《きたな》いものではないのです。これは生長の家の発見です。聖書には「神と富とに兼《か》ねつかうること能《あた》わず」と書いてある。ですから、神様を信心する者は貧乏にならなければ喜ばれないのであると考える人があります。そうして教会へ往って聖書の講義を聴いていると、やはりそういう具合に先生がお説きになる。感心して家へ帰って何をするかと言うと、月給の上ることを考える、あるいは商売が繁昌することを考える。教会で感心して来た時と家へ帰って来て商売したり、会社に出勤した時とは、別の二重人格的な働きをしなければならない。こういう宗教と生活とが分離していたのが今までの既成宗教だったのであります。

十、宗教と実際生活との一致

ところが、生長の家はそういう様《よう》に宗教と日常生活というものとを別々に離してしまわないのであります。宗教が日常生活の中に生きるようでなければ本当でない。宗教とは教会で演説することではないのであります。「宗教とは生きることである」こう生長の家では言っています。宗教とは生きることである。教会で説教を聴《き》いたり、懺悔《ざんげ》したり、祈りをしたりして、家《うち》へ帰って来たら、また教会で教えられた教えに背《そむ》いて金儲けのことを考えて、罪を造って、また教会で懺悔をする快楽を味わうために行くのが宗教ではないのであります。そういう感情の遊戯《ゆうぎ》が宗教ではない。自分の生命を完全に生きることが本当の宗教なのです。しかし、私は決してキリスト教を批難しているのではないのです。生長の家はキリスト自身の教えを生かすのであって、今までの説き方は不完全であったのであります。もっとも、聖書はいろいろに説けるのであります。いろいろに説ければこそキリスト教の中にもいろいろの教派がある。メソジスト教会もある、聖公会もある、ホーリネス教会もある。ホワイト・チャーチ、クリスチャン・サイエンスなどといった教派もあるわけです。ですから、聖書の解釈の仕方に生長の家が一新機軸を開いたところが不思議がないのであります。ですから生長の家はキリストの教えそのものを貶《けな》すのでも撃《う》つのでもない、ただ生長の家はバイブルをかくの如《ごと》く解《かい》すると、こういうのであります。

では、バイブルに「神と富とに兼《か》ねつかうること能《あた》わず」と書いてあるのをどう解釈するかと申しますと、それは現在の諸教会の説き方では、教会で教えを説くときと、自宅で金儲けの算盤《そろばん》を弾《はじ》くというときにはどうしても矛盾を感ずるのであります。しかし吾々《われわれ》は一方で神につかえ一方で算盤《そろばん》を弾《はじ》くそんな二重生活はできない、どうしても一元の生活に還《かえ》らなければ心が落着《おちつ》かない。

十一、神一元の教え

では、一元の生活に還《かえ》るにはどうしたらいいかと言うと、神のほかに富があるなどという考え方がこれが二元的の考え方であります。神は絶対者である、いっさいの存在を覆《おお》うておられるのが神でありますのに、絶対者の他《ほか》に富という存在があるように思っていたのです。神と富とを対立した存在のように思っている限りにおいて、吾々は絶対者なる神を認めていないのです。これでは相対に過ぎません。相対者として神を見る限りにおいて、吾々は神を最も大なるものと認めていないことになる、神を貶《けな》しているということになるのであります。

生長の家では神を最も偉大に尊ぶのです。神を絶対者として認めるのです。神のみ在《いま》す。この世界には神のみ在《いま》すのであって、富などというものが神の世界の外に領地をもっているのではないのであります。富は神の中にある、富は神なのです。あるいはこんな机でも、コップでも本でもことごとく皆神様ならざるはない。みんな神様なのです。詳しく言えばこれらのものは神の恵みというもの、神の愛というもの、神の生かす力というもの、神の智慧《ちえ》というものが此処《ここ》に現れ、人を通して現れて、吾々を生かさんがために、生かさずに置かない愛の現れとして、こういう形をしてここに現れておられるのであります。これらのものはことごとく神様である、これも神様である、あれも神様である、みんな神様である……。

生長の家では「物質は無い」と言います。すると、「物質はこの通り肉眼に見えてあるじゃないか。この通り物質はあるのに、物質はないなんて乱暴なことを言う、そういう常識に反することを言うのは邪教《じゃきょう》である」と、こういって攻撃される人がある。けれども仏教は色即是空《しきそくぜくう》、本来物質はないと説いているのであります。「色《しき》」というのは物質である。空《くう》というのは、変化の相《すがた》であって本来の相《すがた》が無いと言うことであります。物質は変化の相《すがた》であって本来の相《すがた》が無い、これが色即是空である。しかし、色即是空と仏教語を使って言いましたところが、誰も反対しませぬ代りにそんなことは仏教哲学だと思うだけであって吾々《われわれ》の実際生活に触れて来ないのであります。仏教が生活と一つにならないのです。ところが生長の家のように現代語を使って「物質は無い」とか「肉体は無い」とか言ったら、実に直接的に吾々の肺腑《はいふ》（心の奥底）に押迫《おしせま》って来るのであります。むろん、それだけ吾々に強く迫って来ますから、それによって病気が治る人もある。その代りにまた反対して「そんな馬鹿なことがあるか」と言う人も出て来るのです。「色即是空」と言ったら誰も反対する人はない代りに、ハッと思って病気の治るほど悟る人もないのです。

ところが、物質は無い、肉体は無い、こういうようにはっきりと現代の言葉で、誰にもわかる肺腑を衝《つ》く言葉で言われると「おや！」と思う。今まで病気で苦しんでおった人が「おや、自分は病気で苦しんでおったけれども、おや、この肉体は本来無いものだな」と、こう気がつくのです。「肉体は本来無いのだ、本来無い肉体が病気をするはずはない。今まで肉体が病気だとか、何とか思っていたのは自分の心のまちがいであった」と、忽然《こつねん》として病気に対する自分の心の執着、恐怖心というようなものが除《と》れてしまうということになるのであります。その結果は血液循環にも影響して来れば体内の内《ない》分泌にも影響して来るのであります。それで生長の家には二つの根本的真理がある。その一つは今申しました「物質は無い」というのです。「物質は無い」ということを、もう一つ身近なもので言えば、「肉体本来無し」ということです。それから肉体があるので罪を犯すのですが、肉体が本来無ければ「罪も本来無い」ということになるのです。今まで「罪、罪」と言って威《おど》されておったけれども、罪なんて無いのだ、罪がある罪があると思って引掛《ひっかか》っておった間だけ罪があるのであって、心をその罪から離してしまったときには、もう罪というものは無い、これが真理であります。

十二、心を罪から離す方法

その心を罪から離す方法はどうすれば好《よ》いか。その方法はこれまでからいろいろあるのです。念仏宗《ねんぶつしゅう》では「南無阿弥陀仏《なむあみだぶつ》」と称《とな》えることを勧める。「南無阿弥陀仏《だぶつ》」と称《とな》えたらほかの雑行雑修《ぞうぎょうざっしゅ》は要《い》らぬ、いくら禅定《ぜんじょう》を凝《こ》らしたってそんなことでは極楽成仏できない。極楽に救い取って戴《いただ》くのには「南無阿弥陀仏」と称《とな》えたらそれでいいのだ、阿弥陀仏の慈悲がどれほど広大なものであるかというその絶対無限の阿弥陀仏の慈悲ということさえ解《わか》ったならば、もう他の、この行《ぎょう》はわるいとかこの行はいいとかそんなことは考えるには及ばぬというのがこれが念仏の教えである。心を罪からカラリと一転してしまって、じかに阿弥陀仏の懐《ふところ》へパッと飛び込む教えである。そのための方便に、南無阿弥陀仏と称《とな》えたらそのまま極楽浄土である、こういう具合に説かれているのであります。あるいは聖道門《しょうどうもん》（自らの修行によってぼん悩を断じてこの世で悟りを開こうとする考え方）の教えで坐禅をしたり、あるいは摩訶止観《まかしかん》（天台宗の根本的な修行である坐禅と観法）をやったり、いろいろやって、そうして自分の実相を観《み》るというふうなやり方がある。これはちょっと手間がかかるけれども、やはり罪というものから心を振向けて専心実相を念ずるということによって、自分の実相すなわち本当の相《すがた》、「神なるもの」、「仏なるもの」と同体なる自分を見出すというので、心を罪から引離して実相に振向かしめる方法であります。「ひとのみち」のお振替でもやはり同じ道理だ。「教祖様宜しく頼む、こう言って念じたらかならずお前の病気は治《なお》るのだ。」これは嘘《うそ》かもしれない。嘘かも知れないけれども、信ずる人にとってはこれは本当である。「もう教祖様に頼んだのだから、もう自分の罪は教祖さまに振替えられて消えたのである」と、こういう具合に本当に深く信じて罪から心を離してしまったら、振替えられると否《いな》とは別として「罪は本来無い」から消えてしまうのです。罪が消えたら罪の所現《あらわれ》であるところの病気が消えるということになります。

キリスト教では、罪をキリストの十字架に振替えて貰《もら》うのです。振替えるというのは心をキリストの十字架に専念振向けることです。キリストは万人の罪の身代わりとして磔刑《はりつけ》にかかり給《たま》うたのである。だから、吾々《われわれ》の罪はすでにキリストが贖《あがな》い給うたのである。いわばキリストは一切の罪の身代者《みがわりもの》である。そのキリストと結びつきさえしたら、この自分の罪は身代りされてしまうのだ。だから「キリスト様！」とキリストの方へ振向いた時に吾々の罪は消えて「神の子」にせられる——こういうふうに説いている。これがイエスの十字架の意義であって、「罪尚在《なおあ》り」との観念から心を振向けて実相の方へ振向かせる一方法なのであります。

キリストというと二千年前《ぜん》ユダヤに生れた一個の肉体的人間のようにのみ思っている人もありますが、キリストは「ヨハネ伝」に書いてあるように「我《われ》は道なり真理なり」とこう言っておられる。決して二千年前に出現せられたところの、そんな肉体人間ばかりのことではない。「我は道なり真理なり」と言われたように真理すなわち実相がキリストなのであります。キリストはいっさいの罪の代償者《みがわり》なのであるからキリストの方へ振向けば罪は消えるという事は、実相の方へ振向けば実相には本来罪がないから罪が消えるということを人格化して言ったのであります、罪は本来無いから光の方へはっきり振向いて行った時に、本来無い罪というものは消えてしまう。これが宗教の救いの原理なのであって心を罪から振向けた時に「罪は本来無い」から消えるのであります。

念仏宗《ねんぶつしゅう》や、聖道門《しょうどうもん》や、キリスト教で罪の消える原理は判《わか》ったが、生長の家ではどういう具合にして罪を消すかと言いますと、「人間本来神の子、肉体本来なし、罪本来なし」という真理を『生命《せいめい》の實相《じっそう》』という本を読んで悟ることによって、罪が消えるのである。罪が消えたかどうかは、罪の現れであるところの病気または悩みの消滅によって間接に証明されるのであります。『生命の實相』の中には詳しく諄々《じゅんじゅん》として「罪は本来無いものである」という道理が説いてある。諄々として現代知識階級の人たちの頷《うなず》ける様な実例を挙げて説いてあるから、知識に富んだ人で、単に「南無阿弥陀仏《なむあみだぶつ》と唱《とな》えろ」とか「イエス・キリストと呼べ」とか、「教祖様に振替えて貰《もら》え」とか言っても「そんな馬鹿らしい簡単なことで救われるものか」と反抗している人でも容易に頷《うなず》いて救われるのであります。

今まで潜在意識の奥底で仏教的に言えば「我《われ》は前世からいろいろの悪業《あくごう》を積んで来たのである。」キリスト教的に言えば、「人類は生れる前の前から、『創世記』の第二章に書いてあるところのアダムの原罪というものがある」と言う。アダムの原罪というのはアダムが蛇《へび》に騙《だま》されて智慧《ちえ》の樹《こ》の実《み》を食べたために、エデンの楽園から追放されてそのままでは救われないことを言うのですが、そういう原罪の観念に今まで縛られていたのが、『生命の實相』を読んでいる中《うち》に「そんな罪なんて無いものである、人間は本来神の子である、仏の子である」ということがすっかりわかって人間が解放せられるのであります。聖書の中には、「真理は汝《なんじ》を自由ならしめん」と書いてあります。吾々《われわれ》が今まで「罪」という本来無いものを「ある、ある」という念によって拵《こしら》えておったのでありますから、『生命の實相』を読んで、真理を知って、「罪あり」という観念が除《と》れると同時に、罪は消え、罪の所現《あらわれ》であるところの、病気・不幸・災難・悩みというふうなものもみんな消えてしまう。人類がこの罪の観念およびその自己処罰によって病気やら不幸災難を起しているということは実に夥《おびただ》しいものであります。

十三、善人は何故病気になるか

このように善人ほど罪悪観に鋭敏であって罪を恐れているのであります。世間往々《せけんおうおう》、「神がこの世に在《いま》すならば善人がどうして病人になりますか」と言う人がある。「もしこの世に神様があったら、何故《なぜ》あんなに善良な道徳家が病気になりますか」と反問する人がある。「ひとのみち」で「あんたは心の持ち方が悪いから病気になったのだ」と言われて反抗し、天理教で「因縁《いんねん》が深いから、それで病気になったのだ」と言われて反抗し、「私は心の持ち方が悪いとか、因縁が深いとかいろいろ言われるけれども、私は善人だ。絶対善人ではないかも知れぬが普通の人よりもわるいことをした覚えはない。ところが、あそこにいるああいう奴はとても悪い奴であって、私なんかとうていするに忍びない悪事を悠々《ゆうゆう》とやってのけて、それでいて健康で元気でいるではないか。そんな悪人が元気達者であって善人が病気でいるなんて、そんな世界に神様があるものか」というように反抗せられる無神論者がありました。この無神論者の議論は、ある一面から言えば至極もっとものことであります。神様が神罰《しんばつ》を下《くだ》し給《たま》うならば、もっと公平に下し給《たま》うはずであります。しかし、神様は決して罪を罰するというふうなことはせられないのです。神様は無限の愛なのです。聖書にはどう書いてあるかと言いますと、「マタイ伝」の第五章には「天にまします我《われ》らの父は、太陽が善人をも悪人をも照す如《ごと》く我等《われら》を照し給うのである。あるいは雨が善人にも悪人にも同じように降るが如く同様に吾等《われら》を潤し給うのである。かく一視同仁《いっしどうじん》の愛をもち給うのが本当の神様だ」というようにイエスは説いていられるのであります。

そういう至仁至愛《しじんしあい》の無限の愛を以《もっ》て宥《ゆる》しておられる神様が、どうしてこの吾々《われわれ》のちょっとまちがって仕損《しそこな》いをやったというようなことで「あいつ、ちょっとみ、い、い、しらせしてやろうか。あいつ、ちょっと罰当《ばちあ》ててやろうか」などと言って残酷《ざんこく》にも肺病や脊髄《せきずい》病に罹《かか》らせ給うはずはないのであります。またもし「みしらせ」をせられるのでありましたら、

誰にもその意味の判《わか》り様《よう》がないようには「みしらせ」をせられるはずがないのでありま
す。肺病や脊髄病に罹《かか》ってもどんな心の持ち方が悪かったのでこんな神罰《みしらせ》をいただくの
か判らない、世界でたった一人のある教団の教祖にだけしかその意味の判らないような
「みしらせ」をして、その「みしらせ」の意味を知りたければ金を持って或《あ》る教団で聞
けというような、そんな意地悪な「みしらせ」する理由がないのであります。神様は決
してそんな意地悪ではない。

また神様は決して罰を当て給《たま》うのではないと生長の家では観《み》るのであります。神様は
決して吾々《われわれ》に罰《ばち》を与え給わないが、吾々心中の罪の意識が罪の恐怖が、三界《さんがい》は唯心《ゆいしん》の所《しょ》
現《げん》の理により、相形《すがたかたち》に現れて、そうして肉体の病気ともなり、あるいは不幸の境遇と
もなり、災難ともなるというふうに現れて来ると申します。それですから三界唯心所現
の理を知れば、ある教団の教祖ならずとも、万人が自分の病気または不幸を観《み》て、どう
いう心のまちがいからこの病気不幸が起ったかを知ることができるのであります。これ
であってこそ、万人共通の救いであり、神の一視同仁的《いっしどうじんてき》な愛の啓示であると見ることが

できるのであります。この三界唯心所現の理を教えるのが生長の家であります。「神様は決して罰《ばち》を当て給わない」と、これだけ知るだけでも、吾々は実に幸福な、広々とした、愉快な人生に出ることができるのであります。ここが他の宗教、威嚇的《いかくてき》宗教と生長の家と違うところであります。その代り生長の家本部としては、他《ほか》の宗教よりもちょっと損なところがある。というのは「先生病気治《なお》りました。いろいろ御厄介《ごやっかい》になりました。もうさようなら」と言って生長の家をやめる人もたくさんある。「もう『生命《せいめい》の實相《じっそう》』を二、三冊も読んで治りましたから、もうあとは要《い》りません」と言う人もある。まるで、薬かなんぞの様《よう》に思っているのです。――こんな早く治って貰《もら》うと生長の家は損をするということになる。これでは人類光明化の運動本部の経費の出るところが無くてちょっと困るのでありますが、生長の家は本部が経費に困っても、他の宗教のように「やめたら罰《ばち》があたる」と言っては、人を威嚇《いかく》して金を搾《しぼ》り上げようとは思っていないのであって、加藤舜太郎《しゅんたろう》さんの奥様は、当時たった五銭の『生命の實相』の分冊パンフレットを読んで、心がクラリと一転されまして、それで病気が治ったのです。別段お礼を貰ってはおりません。お礼は一文もいただかないのでありますが、世の中は決して忘恩者《ぼうおんしゃ》ばかりではありませぬので、治った方の九十パーセントは必ず継続誌友《しゆう》となって下さる。他の人に勧めて誌友を増加して下さるので、別に「やめたら神罰《しんばつ》が当るぞ」と威嚇《いかく》しなくとも自然に治《なお》った方の涙ぐましい誌友増加の活動や自由献金によって本部の経済循環が保っているのであります。これが生長の家の現状であります。

十四、恐怖と憤怒《ふんぬ》の生理的影響

ところで、この罪の恐怖というものはどういうふうに肉体に影響して来るかと申しますと、宗教的に説かなくとも、近代の新しい生理学を調べてみましても、それはわかるのであります。恐怖心とか怒りの感情とかいうものは、吾々《われわれ》のこの肉体の内部に分泌するアドレナリンの分泌量を非常に増すのであります。このアドレナリンというのは一種の毒薬でありまして、注射量が少し多かったら死んでしまうというような、毒性の劇《はげ》しい内分泌液で吾々の副腎《ふくじん》というところから分泌している。それが適量であるから吾々は健康に生活しているのであります。吾々が怒ったりあるいは恐怖したりするとこのアドレナリンの分泌量が非常に殖《ふ》えて来るのであります。吾々の血液内のアドレナリン量が殖《ふ》えて来るとどういう状態になるかと言いますと、アドレナリンを適量以上に血管に注射したと同じような症状を呈して来る。アドレナリンを適量以上に血管に注射するとどうなるかというと、毛髪が竦立《しょうりつ》したり、涙が出て来たり、冷汗《ひやあせ》が流れたり、あるいは悪寒戦慄《おかんせんりつ》を覚えるというふうな状態を起して来るのであります。そうして血液の中の糖分が増して来まして、尿を調べて見ると糖尿が出ているというふうになる。これがまずアドレナリンの分泌量が殖えて来た時に起るところの生理的反応であります。そしてアドレナリンの含有量の多い血液が胃袋へ循環するとどういうふうになるかと言いますと、胃袋の平滑筋《へいかつきん》が弛緩《しかん》して胃袋が収縮しなくなります。胃アトニーであるとか、胃下垂であるとかなかなか医学で治らぬというふうな病気がありますが、こういう病気は慢性恐怖症のために副腎のアドレナリンの分泌量が多いために胃袋の筋肉が弛緩してしまって収縮しなくなるのです。

ある医者の実験して見たところによりますと、動物試験において、犬などの胃袋を切《き》除《り》って普通の血液の中へ入れて見ますと、しばらくは生きておって、よく収縮したり活動したりするのです。ところが、怒《いか》れる動物の血液、すなわち少し多量にアドレナリンを含有さした血液の中へ胃袋の一片を投じて見ますとダラリと伸びてしまって活動しなくなる。こういうふうに恐怖心とか怒りの心とかいうものがアドレナリンの分泌量を増し、アドレナリンの含有量の多い血液が循環して胃袋へ行くとそういうふうに胃袋がダラリと伸びて活動しなくなる。すなわち胃アトニーとか胃下垂状態を示して胃袋は働かない。胃袋が働かなければ胃袋は多量の血液は不要であるから、その血液は何処《どこ》へ行くかというと、頭部へ鬱血《うっけつ》して怒髪天《どはってん》を衝《つ》くとか、あるいは心臓の方へ行って心臓の動悸《どうき》を早くするとか、肝臓に貯蔵するグリコーゲンを糖に変じて血液中に送り出すとかし、血液の中の糖分が殖《ふ》えて、そうして筋肉の収縮力が殖えてき、イザというとき相手に対してぶっつかるために筋肉を動かす燃料までの用意ができるわけです。恐れるとかあるいは怒るとかいうふうな時にはちゃんとそういうふうに身体内部の内分泌に変化を起して、今は胃袋の消化なんかしている時でないと、吾々《われわれ》に危害を加えんとする相手に腕力をもって対抗せんとするために一切のエネルギーをその準備に集中するのであります。

ところが、少しくらい恐怖したり、腹が立ったくらいで相手を殴りつけて血液中の糖分を消費してしまう訳にまいりませんから、絶えず小さな恐怖心や腹立ちの心を蓄積しておりますと、慢性的に血液中の糖分が殖えているために、その過剰の糖分をどこかへ排泄《はいせつ》しなければならないということになって、その人は糖尿病に罹《かか》るのであります。糖尿病になって医者にかかってごらんなさい。医術ではなかなか治《なお》りにくい。インシュリンの注射をやったり、いろいろ食物養生《ようじょう》をやらせられる。澱粉食《でんぷんしょく》は一切いかぬ、糖分食は一切いかぬ、脂肪や蛋白ばかり食べよ、御飯は食べられないというふうに言われ、今度は病気恐怖、食物恐怖に変って来る。恐怖が原因で血液中の糖分が殖え、糖尿病に罹っているのに、医者が食物恐怖を植えつけますから、一所懸命《いっしょけんめい》食物養生をやりましても、体内の内分泌が変っているのでありますから、依然として糖を製造し、普通食を少しずつでも摂ると、さらに恐怖して糖尿を排泄して永遠に根治《こんち》するということはないのであります。

これはどうしても心から治《なお》して行かなければ治らないのであります。生長の家では簡単に糖尿病が治っています。「ぜんざい」を食べたり、羊羹《ようかん》をたべたりしながらでも心の持ち方を変えると治るのであります。心の持ち方を変えるにはどうしたら好《よ》いか。これがまた問題である。腹が立つからこれを抑えねばならぬと思っても、こいつはやはりさっき申しましたように、抑えよう抑えようと思ったって、腹の中からムッとして来るのはどうしても抑えられないのであります。自力の努力ではなかなか思うように心が統制できない。生長の家ではこの心の内部の葛藤《かっとう》を解決するのに極めて簡単な方法を用いるのであります。

十五、生長の家で説く「心の法則」

生長の家では、「心の法則」ということを説いております。心に思い浮べたことは必ずいつかは形に現れると言うのです。心に思い浮べたことは仏教でいう因縁《いんねん》の「因《いん》」というものになって、どこかに蓄積されているのであります。それがある「縁《えん》」に触れた時にそれが形に現れて来る。現れて来ると共にその「因」は解消するものであります。

卑近《ひきん》な例を以《もっ》て申しますれば、「因」というのは、毎日毎日蒸発している水蒸気みたいなものです。吾々《われわれ》が心の世界に「因」を蓄えることは、毎日晴天の時に水蒸気を蒸発しているのと同じことなのです。その水蒸気が毎日毎日蒸発しておっても吾々にはわからない。依然として空気は透明で、空は晴れている。吾々は毎日小さな腹を立てたり、小さな恐怖を起しておってもわからないのです。また何事も起らないのです。しかし何事もないのではなく、その間に「因」を積んでいるのです。ある程度まで水蒸気が蒸発して空中に蓄積した時にどうなるかと言うと、今度は沛然《はいぜん》たる豪雨となってザーッと降って来る。吾々は初めて雨が降るのだと思っているけれどもこれは愚者《ぐしゃ》の考える事であって、雨は雨が降る時に製造されたものではないのであります。雨は実に晴天の時に水蒸気を空中に蓄積して製造しつつあるもので、その水蒸気が冷たい空気であるとか、温度が急に冷えたとか、空中電気のある作用とかいうような「縁《えん》」に触れて、沛然《はいぜん》たる豪雨となって降って来るのであります。

心が病気の原因だと申しますと、「私は何時《いつ》も怒っているけれども、余り病気にもならんぜ」と言う人がある。それは毎日好《よ》い天気で、二十日も、一ヵ月も、二ヵ月も、好い天気が続いて水は随分蒸発しているけれども、ちょっとも降って来ないじゃないかと言うのと同じ理窟《りくつ》です。それは「縁」に逢《あ》わないから降って来ないのです。「縁」に逢ったら何時《いつ》でも降って来る。吾々《われわれ》が常に腹を立てておったり恐れておったりしましたならば、そいつが心の世界に業因《ごういん》として蓄積されておって、それが何時《いつ》かは「縁」に触れて、沛然《はいぜん》たる豪雨となって降る様《よう》に、病気になって、糖尿病になったり、あるいは神経衰弱になったり、胃癌《いがん》になったり、肺病になったりして現れて来るのであります。今の病気は必ずしも今日一日だけの心持《こころもち》で起るものではありません。今の雨は必ずしも今日や昨日だけに蒸発した水蒸気ででき上っているのではありません。

十六、生長の家と医学との関係

生長の家は別に現代医学に反対するものではありません。医者で治《なお》る病気は医者へお出でになれば好《よ》いのであります。『生命《せいめい》の實相《じっそう》』の中にも、薬はどういうふうな心持《こころもち》で服《の》んだら効《き》くかという事が書いてあります。これは心の持ちようでせっかくの医者の努力も無になるからであります。現代医学は何を研究するかと言いますと、これは因縁の「縁」の方を研究するのです。吾々の方は「因《いん》」の方を研究する。こういう心の持ち方が「因」となって蓄積されてこういう病気になるのですよ、ということが『生命の實相』に詳しく書いてある。その「因」を解除すれば病気は消えるのであります。しかしいくら水蒸気の「因」を蓄積しても、冷気というような「縁《えん》」がなかったら雨が降って来ないのと同じく、いくらわるい心を起しても「縁」がなければ病気にならないのです。ですから、医者の方では、冷たい風に吹かれたら風邪《かぜ》を引くぞ、あるいは結核菌に触れたら肺病になるぞというふうに、病気を起すところの「縁《えん》」をなるべく遠ざけるようにするのであります。これが医者の役目であって、心の世界に病気の「因」があっても、その「因《いん》」をして「果《か》」を結ばせる「縁」をなくして病気の「果」を結ばぬようにするのが、医者の分担であります。

ところが宗教とか教化とか修養とかいうのは心の方面であって、こういう「因」を蓄積したならば「縁」に触れた場合にこういうような不幸・災難・病気になって現れて来るものだと教えるのです。水蒸気だけでも雨にならない、水蒸気と冷気と、「因」と「縁」と、二つ揃《そろ》うて雨となるように、因縁《いんねん》二つ揃うて吾々の病気・不幸・災難というものは現れて来るのですから、「因」と「縁」とのうち、どちらをなくしても病気は消えるのです。どちらをなくしても病気は消えますから、医学が病気を誘発する「縁」を研究して、その「縁」を除くためにいろいろと努力してくれることはありがたいことなのです。

しかし、今まで医学で病気の原因だと思われていたものは病気の助縁に過ぎないのであります。冷たい風が風邪《かぜ》の原因ならば、冷たい風に当る人は皆風邪を引かなければならないのに風邪を引かない人があるのは、冷たい風は風邪の縁であって原因ではないからです。結核菌が肺病の原因であるならば、結核菌に触れた人は全部肺病にならなければならないのに、必ずしも肺病にならないのは結核菌は肺病の原因ではなく、原因は「念《こころ》」にあって、そういう「念《こころ》」を蓄積した人が結核菌という「縁」に触れて肺病を形の世界に発芽《はつが》させるのです。ですから「縁」を断《た》ち切ることは必要でありますが、「因」が心の世界に蓄積してある限りは、何時《いつ》かは「縁」に触れて果《か》を結ぶのです。というのは、このいろいろ変化無限であるところの世界に住んでおって、吾々《われわれ》は有《あ》りと凡《あら》ゆる縁に触れるのでありますから、「因」を蓄積している限りはどうしても「縁」に触れて「果」を結ばないというわけにはゆかないのです。如何《いか》に衛生に注意しても、如何に毎日強壮剤を飲んでも栄養剤を食べても決して病気を起す「縁」に触れないというわけにゆかない。ですから、生長の家ではできるだけ自分達の心の世界に病気を起すような「因」を拵《こしら》えないようにしておこうじゃないかというわけです。また、今までそういう「因」を心の世界に拵《こしら》えたならば、その因を壊《うちやぶ》ってしまっておこうじゃないかというのであります。

十七、「因」とは何であるか

「因《いん》」というのは何であるかと申しますと、波動であります。これを業因《ごういん》とも申します。波動には念《おも》い、言葉、行いの三義《ぎ》があります。これを仏教では、意業《いごう》、口業《くごう》、身《しん》業《ごう》と申しました。この因《たね》となる業《ごう》のある限りは病気や不幸が現れていなくとも、因を埋めてあるのですから、潜伏《せんぷく》した病気や不幸がある訳です。そう申しますと、またこの因ということに執《とら》われる。過去にこういう悪いことを思ったからこうであるとか、ああであるとか、ああ！　私はやはり病気になる因縁《いんねん》があるのだ、こう思ってまた暗い方面に陥って来るのであります。

こうなると、因縁を説いて因縁に縛られるということになるのであります。ある宗教の信者達がおおむねそれでありまして、あんたは因縁が深いから一代では因縁を切ることはできぬとか、一代でその因縁が滅びなければ二代かかる、二代で滅びなければ三代かかるという具合に言われるのであります。そうして、むろん吾々は幾十回、幾百回と生《うま》れ更《かわ》ってこの世に出ている自分でありますから、なかなか、ちょっとやそっとに過去から起って来たところの「因」というものをなくしてしまうということはできないのであります。ですから、ひとつずつこのこの「因《いん》」相応の償《つぐな》いをして行かなければ、その「因」が消えないとしたならば、とうてい吾々《われわれ》この五十年、百年の生涯にはその「因」を消滅することは難しいということになる。そうすると、吾々はとうていこの世では済《すく》われないということになるのです。とうていこの世では済《すく》われないということになると、例の未来教が出て来る。現世《げんせ》では済《すく》われないのであって死後においてのみ済《すく》われるという教えが出現するのであります。しかし、吾々はどうしても今この世で済《すく》われることを希《ねが》わずにはいられないのであります。

十八、因縁消滅の道は悟るに在る

ところが、生長の家は因縁《いんねん》を甘く切抜《きりぬ》けている、と言うのは、因縁本来無いという世界へ入る——こういう観《かん》の転回法があるわけであります。因があれば果があり、水蒸気が昇れば何時《いつ》か雨が降るのは当り前であります。しかし富士山の頂上に登って御覧なさい。富士山の頂上から眺めますと、雲が何時《いつ》も下にある、下界は雨が降っておっても自分にはちっとも雨がかからない。そこで生長の家は因縁あれども因縁本来無い世界、富士山の頂上へ上《のぼ》ろうじゃないか、そんな水蒸気が蒸発して、そうしてまた雨になって来るようなそんな因縁の世界にいないで、一つ、因縁を超越した実相の不二の山頂まで上《のぼ》って行こうじゃないかというのであります。

その実相の不二の山頂まで上《のぼ》るにはどうしたら好《よ》いかというと、因縁本来無いと悟ることである、因縁を説きながら、しかも「因縁本来無い」と悟るのです。これが難しい。因縁を全然認めないで、そうして我々はどんな因縁も本来超越しているのだから、悪を犯したって何もないのだ、悪をやるだけやり得《どく》だ、そういうふうになると吾々《われわれ》は無茶苦茶になってしまうのです。因縁を説いて因縁を超越する道を教えるのが本当の宗教であります。

それで生長の家では如何《いか》にしてこの因縁を超越するかというと、真理を悟ることである。キリストが、真理は汝《なんじ》を自由ならしめんと言ったのがそれであります。その真理には縦の真理と横の真理とがあるのであります。横の真理を悟るとは、物質無し、肉体無し、現象世界ことごとく無しという真理を悟ることで、般若心経《はんにゃしんぎょう》にある「五蘊皆空《ごうんかいくう》」と照見《しょうけん》（本質を正しく見きわめること）することであります。それから縦の真理を悟るというのは、自己の本体を久遠《くおん》から生き通しているところの仏と一つのものであると悟ることで、法華経《ほけきょう》の寿量品《じゅりょうほん》にある釈迦《しゃか》の悟りを悟ることです。そして、自分自身を久遠《くおん》の昔から不滅に生き通しているところの大生命と一つのものであるという大きな自覚を持つことでありま す。「ヨハネ伝」にあるところの「此世《このよ》の創《はじ》めぬ以前から」神から愛されているイエスと一体であると悟ることであります。神なる大生命と、久遠《くおん》の仏と同体であるところの吾《わ》が本体には罪がないのです。この大自覚を摑《つか》んでしまった時に、罪があるがままで罪が消えてしまうということになるのであります。

十九、悟道《さとり》への捷径《ちかみち》

この自己本来の久遠《くおん》生き通しの生命の自覚、禅宗では「父母未生《みしょう》以前の本来の面目《めんもく》」などとも言う。アブラハムの生れぬ前からあるキリスト、天地創造以前から神から愛されていた自分、百千万億阿僧祇劫《あそうぎこう》の昔から悟りを開いていた自分、これを悟ることは禅宗でもなかなか並たいていではなかったのであります。ところが「生長の家」では割合簡単にできるのであります。これは「肉体本来無《なし》」と悟らしめるからであります。「肉体は有る、有る」と思っておったればこそ人間は罪を犯したのであります。パウロは「ロマ書」の中で嘆いているのです。「肢体《したい》の中には善きものがない、自分は善き事をしようと思うけれども、肢体《したい》の中に別の法則があって自分の好まざることをするのである」と言って嘆いているのです。この肉体の中に、自分が善いことをしようと思っても、酒を飲むまいと思っても飲みたくなるところの別の心がある、人をやっつけまいと思ってもやっつけたくなる心がある。腹立てまいと思っても腹立てて来るところの心がある。

この心、この肉体から起って来る迷いの心を断《た》ち切るためには、この肉体を如何《いかん》せんやということが、古往《むかし》から聖者の悩みであったのであります。多くの求道者《ぐどうしゃ》はこの肉体の心を断《た》ち切るために断食《だんじき》するとか、水行《すいぎょう》するとか、その他様々の苦行《くぎょう》をした。婆羅《ばら》門教徒《もんきょうと》などは、腹に孔《あな》をあけて鈎《かぎ》みたいなものを引掛《ひっか》けて、その紐《ひも》に重錘《おもり》をぶら下《さ》げてみた。針金ブラシで造った帯をしてもみた、何日間も眠らないで坐《すわ》る修行もしてみた。肉体が本《もと》で罪を犯すのであるから、いろいろの苦行をして、この肉体を苦しめさえしたならば罪が消えるのである、こういうふうに思っておったのです。もちろんこの肉体というものは自己の快楽のために他人のものを奪い取ったり、味覚の楽しみを味わうためにいろいろのものを殺したりしたのですから、その快楽とあべこべの苦しみをしたら罪が消えると、こう考えるのは人類的潜在意識であります。しかしそういうふうに吾々《われわれ》が肉体を苦しめて、それによって罪が消えるまで苦しめ続けようと思ったらとても大変であります。それこそやはり死んでしまわなければ救われないというところへ落着《おちつ》かなければならないのであります。

ところが生長の家では、実に楽にそこを通り抜けさしていただくことができるのです。するっと鰻《うなぎ》が石垣の中を上り抜けるように、自由自在に「因《いん》」の中、「罪」の中を滑《すべ》って出る道を発見したのです。それはどんな道であるか、どんな狭いところでも、肉体がなくなってごらんなさい、吾々はするっと滑って出ることができる。生長の家はこの業《ごう》の石垣、因縁《いんねん》の石垣の間からするっと滑って出る方法を発明した。というのは何であるかというと、今申しました横の真理「肉体は無い」ということです。肉体があると思っている限りに於《おい》てパウロのように「この肉体の中には何等《なんら》善きものはない、自分の好まざる所を敢《あ》えて犯さんとするものである」と肉体を蔑《さげす》み苦しめねばならない。

ところがこの「肉体」を無いのだと忽然《こつねん》と悟るのです。ありと見ゆれども本来ないのである。そうなった時に吾々は、今まで犯したと見えるところの罪ことごとくが消えてしまうのです。もうその時には自分の存在は肉体的存在ではなしに、ここに生きているところの生命は神の生命そのままである、大生命の生命そのままである、み仏《ほとけ》の生命がここに生きているのである、と悟ることができるのです。み仏に何の罪あらんや、大生命に何の罪あらんや、神に何の罪あらんや、ここにはもう罪がない！　罪がなければ罪の報《むく》いとしての病気もない！　災難もない！　不幸もない！　ということが判《わか》るのであります。かかる悟りに到達するには、どうしたら好《よ》いか。生長の家では、ただひたすら『生命《せいめい》の實相《じっそう》』を読めと言うのであります。理窟ではない、真行《しんぎょう》（教えを実践すること）であります。読み、また読みさえすれば神のコトバでありますから、コトバの力で実相を悟ることができるのであります。

二十、病気を作る心理

すべての人の奥底には罪の意識というものが深く刻まれているということは私が何時《いつ》もお話申すところであります。この罪の意識、罪を償《つぐな》わんとする良心的な念願、この念願は婆羅門教《ばらもんきょう》の行者《ぎょうじゃ》が外から肉体の苦行《くぎょう》をしているのと同じように、普通の人では内部から肉体を苦行さしているのです。そうして内部から病気を拵《こしら》えているのです。こうして自分の病気を拵《こしら》えながら、「自分は肺病になった」とか、「自分は心臓病になった」とか、「自分は神経衰弱になった」とか言って、自分で拵《こしら》えた病気に自分で悩んでいるのです。しかし、本当は奥底の心は病気を楽しんでいるのです。その方はもちろん、金を払って辛い辛いと言って呻吟《しんぎん》しておりますけれども、潜在意識では断食水行者《だんじきすいぎょうしゃ》がその断食水行を楽しんでいるようにその病気を楽しんでいるのです。潜在意識の働というものは実に不可思議な働きをするのでありまして、吾々《われわれ》の予想しないような不思議な働きをして病気を起すことがあるものであります。

山口県のある町にIさんという薬剤師があります。その薬剤師が久しく慢性腎臓病になっておられた。ところがある日、新薬製造所からこう言うて来たのです。今度とても良い腎臓病の薬が出て来た、この薬を試しに服《の》んでみてくれ、一ヵ月服《の》んだら必ず蛋白《たんぱく》が尿から出なくなる、もし出たら金は要《い》らぬ、出なければ三十円薬代として支払ってくれ、と言うのであります。治《なお》らなければ金は要《い》らぬという触込《ふれこ》みですから、よほど製薬者の自信に充ちた薬です。そういう自信に満ちた触込みだけに、「これは効くだろう」と思うような確信も手伝ったのであります。Iさんがそれを毎日服《の》んでは試験管で尿を検査された。すると毎日排泄《はいせつ》する蛋白の量が減って来たのであります。もう二十五日目位になるとだんだん尿が澄みきって蛋白質《たんぱくしつ》をほとんど検出しないようになったのであります。「ああ、これで三十日経《た》ったら金を払わんならん」と思われた。ところが三十日目に検出してみると、ちゃんと多量の蛋白が降りていたのでIさんは薬代を支払うことが要《い》らないで助かったということであります。毎日次第に蛋白量に一定の低減を見せながら徐々に治っていったのですから、恐らくIさんの病気は本当に治っておったのでありますけれども、三十円支払わねばならんから、支払っては損だからというので、潜在意識が病気を拵《こしら》えたのであります。

こういうふうに吾々は病気を潜在意識で拵《こしら》えるのです。本人の現在意識は、そんな狡《ずる》いことをして金を払うまいとは思っていないのですけれども、潜在意識は時々狡《ずる》いことを考えて病気を作るのであります。ですから、吾々《われわれ》は病気に罹《かか》りたくないならば、潜在意識を浄めねばならないのです。むろん、医薬は薬力によって病気を誘発する「縁《えん》」を無くするという意味で効くのでありますが、お医者さんに関係する範囲においては、患者に「あんた、奥さんと喧嘩するのではありませんか」とか、「何か家の中で悩みがありませんか」などと聞くのは差出《さしで》がましいし、そんなことを言ったら面倒な医者だといって流行《はや》らなくなるかも知れませんので、家庭の心の病気（葛藤《かっとう》）を治してあげる訳にゆかない。それで本人にだけ薬を与えて、本人に病気を起《おこ》させる「縁」を除去して、病気の本当の「因《いん》」である心の悩みを放置せられるのであります。それで本人はせっかく一時お治りになるけれども家の中に葛藤がある。家の中に葛藤があると家族の人の憤怒《いかり》、憎悪《にくみ》、嫉妬《しっと》、争い、恐怖などの異常感情を刺戟《しげき》して内分泌に変化が起る、血行に変化が起る、神経が過敏になり過ぎたり、弛緩《しかん》したり、血圧に変化を起したりして後《のち》病気を繰《くり》返《かえ》し起すということになるのであります。ですから、これからのお医者さんは、薬によって毒素を中和するとか排泄《はいせつ》せしめるとかいう病気の「縁」を除去して病気を一時消滅せしめるよりもさらに進んで、家族の心の葛藤を治す、その家庭を治すというふうにやっていただいたならば、病気が非常に早く治るばかりではなく再発しなくなるに違いないと思うのであります。こういうふうにして、宗教の立場と、医者の立場と両方から病気の因と縁とを断《た》つことにすれば、病気という「果《か》」がどうしても出なくなる、すると、地上に一人の病人なき天国浄土が実現するということになるのであります。地上に一人の病人もなくなったら医者が失業して困るだろうという人があるかも知れませぬが、医者のような頭の好《よ》い人は、医者が地上に必要でなくなれば、他にどんなに又人生に益《えき》する仕事にでもたずさわることができるのであります。本当はお医者さんでも、必ずしも夜半《よなか》に叩《たた》き起《おこ》されても拒《こば》むことができないような、繁昌すれば繁昌するほど苦しくなる医者などを何時《いつ》までもやっていたいのではない。病人のない世界が出て来たら何時でも転業したいと思っていられるに相違ないのであります。

二十一、斜視でも治る

ここに一つ短い手紙ですけれども、茨城県久慈郡染和田村町田の後藤ます子という人から私によこされた葉書がありますが、これは医学では治《なお》らぬとせられておる病気、それが『生命《せいめい》の實相《じっそう》』を読んでいる中《うち》に治ってしまった。どんな病気かと言いますと、これは藪睨《やぶにらみ》という眼で、痛いことも視《み》えないこともないから、病気とは言えないかも知れないが、眼が正面を向いていないのです。この斜視眼《しゃしがん》というのは、眼球と眼球との間の靭帯《じんたい》が短か過ぎるとか長すぎるので両方の眼球の開きが適当ではない。そのため一方の眼球が真直《まっすぐ》向いたら、一方の眼球が横向いているという訳で、靭帯の長さが違うのですから、普通医学から言えば靭帯を切って、良い加減に調節するしか仕方がないという病気であります。ところが、この葉書はそういう病気が治ってしまったという報告です。次にそれを読んでみます。

「暑中お伺い申上げます。日々限りなき御神徳を垂《た》れさせ給《たま》いますことを感謝申上げます。仙台高校在学中の弟、殆《ほとん》ど先天的と思われていました強度の斜視が、今度帰省してみれば別人と見違えるほど完全に癒《い》えているではありませんか。衷心《ちゅうしん》より深く感謝申上げます。合掌」

二十二、本を読んで病気の治る理由

当時仙台高校という旧制の高校があり、その学校へいっている弟さんの斜視眼《しゃしがん》が治《なお》ったのです。その頃「近眼は治る」という広告が出ましたら、誇大ではないかという心配をした人があった。しかし、近眼が治るのはそんな難しいことではありません。吾々《われわれ》の眼球というのは、ガラス球《だま》みたいな固い球ではないのであって水飴《みずあめ》みたいな柔いものでありますから、そんなものがちょっと凹凸《おうとつ》が変って近眼遠視の治るくらいのことは何でもないのです。本人の心が悟りを開いて円満になり、ちょっと調節作用が完全になったら治《なお》ってしまうのは当然です。心が眼球と眼球とを連絡しているすでに一定の長さをもった靭帯《じんたい》の長さを変化して斜視が治ってしまうという事は、普通の常識では不思議な奇《き》蹟《せき》であるとお考えになるかも知れない。けれどもこれも別に奇蹟ではないのです。

吾々の肉体が本当にこんな堅《かた》い、実際にこの堅い存在として存在するものであるならば、それは変化するのは難しい、とお考えになるかも知れませんけれども、肉体は本来無いのであって、それはラジオのアナウンサーが発したような心の波である、心の波が「縁《えん》」に触れて形を現しているのでありますから、心の波が変ったらたちまちその形が変るということは当然のことであります。それはアナウンサーが放送を変えたらラジオのセットにかかってくる放送の言葉が変って来るのと同じことであります。それならば吾々の肉体というものは、心の放送さえ変えれば容易に変ってくるのです。この人はどうして放送を変えたかというと、やはり『生命《せいめい》の實相《じっそう》』を読んでいる中《うち》にひたひたと自分の心に当って来るものがあって心の波動が自然によくなって来たのです。そのため斜視眼が治ってしまったという訳であります。

本を読んで病気が治ったと申しましても、この『生命の實相』の紙や、印刷インキが治したという訳ではない。本を読んだので心が浄《きよ》まった、心が浄まったので心の放送の波が浄まった、心の波が浄まったので肉体というラジオのセットにかかって現れるものの形が変った、ただこれだけのことであります。それを、中途の説明を省略して「本を読んで治った」と言うから「なに、迷信ぬかしやがる、本を読んで治るか！」と反対せられることになる。ところが、本を読んで心が治るということは、当然のことでありま す。本を読んで心を治させようと思って、日本全国に学校というものが拵《こしら》えてある。これは本を読んで心が治るという前提があって初めて学校というものの必要があるのであります。そして、本を読んで心が治るということが明《あきら》かでありましたならば、本を読んで心が治り、心が治れば心の放送の波が変る、心の放送の波が変ればそこに人体ラジオセットに現れるところの形が変って来るというのは、ちょっとも不思議ではないのであります。そういうふうにして非常にいろいろの病気が治るのであります。

私の手許に石川県七尾から来た手紙がある、丹後百貨店と書いてあります。今日来たので、七月十八日出になっております。私宛でない家内の名宛《なあて》になっています。これには狂人が治《なお》ったという話が書いてあります。前の方を略してちょっと読んでみます。

「北海道通いの船長加藤鉄四郎氏が『生命《せいめい》の實相《じっそう》』全集第一巻を読んでいる中《うち》に心境に変化をきたし、伏木港《ふしきこう》に廻航《かいこう》すると精神病であるはずの奥さんがにこにこと波止場へ迎えに来ておられし由《よし》に候《そうろう》。最近坊ちゃんが輸血するよう医師から勧められし程重態に陥りし時、出先の七尾からその必要なしと申渡《もうしわた》し、看護の心持《こころもち》を奥様へ指示し、翌日伏木港に入り信念に基く看護せしに、その翌日よりお粥《かゆ》が食べたいと申され、二、三日後すっかり元気回復され、次にお出《い》でになりし時はそれはそれは大喜びに候《そうろう》。此輩下《このはいか》の機関長も船長の感化により誌友となりしに、手に負えない息子の不良直り、おまけに持病の痔も何時《いつも》とはなしに治り、喧《やかま》しかった喰《く》いイドリや短気も治り、仲仕《なかし》は大助かりと本人自身来訪しての直話《じきわ》に御座候《ござそうろう》。……（イドリとは食物の不平の意、方言）」

本人の痔や短気が治っただけでなく、良人《おっと》が『生命の實相』を読んでいるうちに妻の精神病が治った。親が『生命の實相』を読んでいる中《うち》に息子の不良が治った。『生命の實相』を読んでおこった功徳《くどく》は、ただに本人だけでなく、また肉体の病気だけではないのであります。ここに教育の根本義があります。主人が船に乗りながら『生命の實相』の第一巻を読んだら奥さんの精神病が治ったというのはちょっと聞くと「主人が薬を服《の》んだら奥さんの病気が治った」というような変な話です。けれども物質の薬なら主人が薬を服んだら奥さんの病気が治るということはありませんけれども、心の薬は心の波なんですから、波というものは互いに交感するものです。互い互いに影響し感じ合うものなのです。離れておっても感じ合う。それですから「本を読んだら病気が治るといっても、本人が重態で読めないという時に『君本読め』なんてそんな乱暴なこと言っても、本人がそんなに重態では読むことできないじゃないか」と反問《はんもん》したり、「赤ン坊が病気の時に本読めと言うたって赤ン坊が本読めるものか。本読んで病気が治る、そんな馬鹿な事はない」、こう反駁《はんばく》せられる人があります。ところがよくよく考えてみるとそうではない。本人は読めなくても家族の主《あるじ》たるものが、その家庭全体の念波《ねんぱ》を掌《つかさど》っている、精神波動の中枢《ちゅうすう》を掌《つかさど》っているところの人物が大調和の精神波動を起したならば、その波動が奥さんにも通じてきて奥さんの病気が治るのであります。こういうふうに説明しますと、何も不思議なこともない、子供の健康状態も親の心の持ち方で変化する、さらに子供の学業成績も親の心の持ち方で変化するのであります。

女の教養〈完〉

新装新版《しんそうしんぱん》　女《おんな》の教養《きょうよう》

令和七年四月十日　初版発行

著　者　谷口雅春《たにぐちまさはる》

責任編集　公益財団法人生長の家社会事業団
谷口雅春著作編纂委員会

発行者　白水春人

発行所　株式会社　光明思想社
〒一〇三－〇〇〇四
東京都中央区東日本橋二－二七－九
初音森ビル10F
電話〇三－五八二九－六五八一
郵便振替〇〇一二〇－六－五〇三〇二八

装　幀　株式会社LEFANA（レファーナ）
本文組版　メディア・コパン
印刷製本　モリモト印刷

ISBN978-4-86700-065-6

光明思想社の本

谷口雅春著　**人生読本**

一七八一円（税込）

『生命の實相』の著者が、人間が本来もっている「無限の可能性」を伸ばすために書かれた一冊。『生命の實相』を一層やさしい文章にした親子で読める人生のガイドブック！

谷口雅春著　**新装新版　生活読本**

一七〇〇円（税込）

『人生読本』に続く人生のガイドブック！　幸福な生活を送るために、いかにすれば心の平和を得ることができるかを説いた一冊。やさしい文章で書かれた親子で読める真理の書！

谷口雅春著　**新装新版　真理　全10巻**

各巻　二二〇〇円（税込）

「第二生命の實相」と謳われ、「真理入門書」ともいわれる『真理』シリーズ。新生活への出発、自覚を深めるための心のあり方、人生の正しい生き方が学べる！

谷口雅春著　**古事記と日本国の世界的使命**

一八八五円（税込）

幻の名著「古事記講義」が甦る！　今日まで封印されてきた黒布表紙版『生命の實相』第十六巻神道篇「日本国の世界的使命」第一章「古事記講義」が完全復活！

谷口雅春編著　**人生の鍵シリーズ　全四巻**

各巻　一六七六円（税込）

〝繁栄の法則〟や〝心の法則〟など人生必勝のための心の持ち方を詳述したシリーズ。『人生調和の鍵』『無限供給の鍵』『生活改善の鍵』『希望実現の鍵』